国家发展和改革委员会“发改英才”系列图书

大国粮食安全

——系统思维、能力提升与机制建设

DAGUO LIANGSHI ANQUAN

—— XITONG SIWEI、NENGLI TISHENG YU JIZHI JIANSHE

卞 靖 郭丽岩 著

中国计划出版社

北 京

图书在版编目（CIP）数据

大国粮食安全 ： 系统思维、能力提升与机制建设 / 卞靖，郭丽岩著. -- 北京 ： 中国计划出版社，2022.12
ISBN 978-7-5182-1497-6

Ⅰ. ①大… Ⅱ. ①卞… ②郭… Ⅲ. ①粮食安全—研究—中国 Ⅳ. ①F326.11

中国版本图书馆CIP数据核字(2022)第232517号

策划编辑：朱　冰　　责任编辑：张文征
封面设计：思梵·星尚　　责任校对：杨奇志
责任印制：李　晨　王亚军

中国计划出版社出版发行
网址：www.jhpress.com
地址：北京市西城区木樨地北里甲11号国宏大厦C座3层
邮政编码：100038　电话：（010）63906433（发行部）
北京虎彩文化传播有限公司印刷

787mm×1092mm　1/16　14印张　189千字
2022年12月第1版　2022年12月第1次印刷

定价：68.00元

前　言

民为国基，谷为民命。粮食安全，事关国计民生，习近平总书记念兹在兹："保障好初级产品供给是一个重大战略性问题，中国人的饭碗任何时候都要牢牢端在自己手中，饭碗主要装中国粮""确保粮食安全的弦要始终绷得很紧很紧，宁可多生产、多储备一些，多了的压力和少了的压力不可同日而语""只要粮食不出大问题，中国的事就稳得住。"

粮食安全是"国之大者"。党的十八大以来，以习近平同志为核心的党中央始终高度重视粮食安全问题，确立了国家粮食安全战略，形成了新粮食安全观，不断巩固提升粮食产能，牢牢端稳中国人的饭碗。我国粮食产量连续7年稳定在1.3万亿斤以上，10年再上一个千亿斤新台阶，2021年产量达到13 657亿斤的历史新高，人均粮食占有量达到483公斤，高于国际公认的400公斤粮食安全线，做到了谷物基本自给、口粮绝对安全。但同时应当看到，今后一个时期我国粮食需求还会持续增加，加之国际形势复杂严峻，粮食供求紧平衡的格局没有改变，粮食安全基础仍不稳固，必须始终绷紧粮食安全这根弦，牢牢把住粮食安全主动权。

从理论层面看，作为人类生存发展不可或缺的特殊商品，粮食不但具有准公共品属性，还随着经济发展水平的提升和全球化的发展，呈现出愈发明显的社会属性和战略属性。相应地，粮食安全的内涵也从传统的数量型安全向质量型安全和能力型安全转变，而后两种安全正是我们努力加强和提升的。这就要求我们要用"大食物观"的系统思维去谋划，多维度保障国家粮食安全。受百年变局叠加世纪疫情的影响，2020年以来，全球重要大宗农产品价格出现新一轮大幅上涨，部分品种甚至超过2008年国际金融危机之前的价格高点，国内猪肉、鲜菜、鲜果等重要农产品价格近年来波动更加频繁且振幅加剧，为此需要进一步完善相应价格调控机制，强化全产业链抗风险能力。从具体品种看，近年来，玉米、大豆、蔬菜等生产和消费均出现一些新特征，对保障安全和稳定价格提出了新的更高要求，需要密切关注。

基于上述研究背景和研究思路，本书共设十章，主要内容分为理论篇和实践篇两大部分。

理论篇包括第一章至第四章。第一章基于粮食具有的准公共品属性、社会属性和战略属性等三重属性，提出粮食安全的内涵也应包括数量型安全、质量型安全和能力型安全三重安全。第二章至第四章分别就如何提升数量型安全保障能力、质量型安全保障能力和能力型安全保障能力展开进行论述。

实践篇包括第五章至第十章。第五章从周期性、结构性的视角，对2020年以来，全球重要农产品价格上涨的成因和主要影响进行了分析。第六章至第九章分别围绕玉米、大豆、蔬菜、生猪行业和猪肉市场发展面临的新形势新要求，结合国际市场生产消费的新变化新特点，有针对性地进行了分析，并提出稳产保供相关对策建议。第十章是作者2021年以“农民种粮积极性研究”为主题，带队赴黑龙江省齐齐哈尔市开展调研活动后的所感所想，也与保障粮食安全问题密切相关。

在本书的结语部分，对2035年中国基本实现农业现代化进行了远景展望，提出了中国特色农业现代化区别于西方的四大鲜明特征，以及实现中国特色农业现代化的重要路径举措。

党的二十大报告提出，要全方位夯实粮食安全根基，树立大食物观，构建多元食物供给体系，加快建设农业强国。在当前外部环境复杂严峻的情况下，我们更应把确保重要农产品特别是主要粮食供给作为首要任务，以国内稳产保供的确定性来应对外部环境的不确定性。在我们迈向第二个百年奋斗目标、处于现代化建设新征程的关键时期，更要增强忧患意识，坚持底线思维，筑牢大国粮食安全的根基。为此，我们将一些研究思考出版成书，希望借此抛砖引玉，期盼有更多专家学者和读者聚焦“三农问题”，关注大国粮食安全。

著者

2022年10月

目　录

理　论　篇

第一章　新形势下保障粮食安全需提升三重能力 / 3

一、关于保障粮食安全的相关研究综述 / 3

二、近年来粮食凸显的三重功能要求粮食安全提升三重能力 / 7

三、新形势下保障粮食安全需要处理好三大关系 / 17

四、基于实现三重安全保障的粮食安全新内涵 / 20

第二章　进一步夯实数量型安全保障能力 / 23

一、我国数量型粮食安全得到有效保障 / 23

二、粮食紧平衡格局并未发生根本改变 / 28

三、保障粮食稳产高产的国际经验 / 35

四、始终绷紧粮食安全这根弦 / 39

第三章　持续提升质量型安全保障能力 / 42

一、居民对农产品质量安全和食品安全的关注度越来越高 / 43

二、农产品质量安全和食品安全监管属于典型的社会性监管 / 46

三、加强农产品质量安全和食品安全监管的国际经验 / 48

四、完善农产品质量安全和食品安全监管体系　持续提升质量型安全保障能力 / 52

第四章　在开放合作中全面推进能力型安全建设 / 56

一、我国农业开放水平不断提高 / 56

二、全球粮食安全风险上升 / 59

三、开放背景下我国粮食安全面临的主要挑战 / 73

四、提升能力型安全保障能力的国际经验 / 78

五、多措并举全面提升能力型安全保障能力 / 82

实　践　篇

第五章　2020 年以来全球农产品价格大幅波动的成因及影响 / 89

一、2020 年以来全球大宗农产品价格上涨的成因 / 90

二、全球大宗农产品价格上涨的影响及传导机制 / 92

三、我国保障重要大宗农产品供应的现实意义 / 94

四、我国重要农产品供应保障面临的压力和挑战 / 97

五、保障重要农产品供应安全需要辩证处理好六大关系 / 100

六、保障重要大宗农产品供应安全的思路与任务 / 103

第六章　我国玉米产业发展现状及供需趋势分析 / 110

一、我国玉米产业发展总体特征 / 110

二、全球玉米生产和贸易格局变化情况 / 113

三、我国玉米价格支持政策的演变 / 120

四、我国玉米产业发展面临的三大“常态” / 121

五、提升玉米产业国际竞争力的政策建议 / 128

第七章　我国大豆产业发展现状及供需趋势分析 / 132

一、我国大豆产业发展总体情况 / 132

二、全球大豆生产和贸易格局变化情况 / 137

三、我国大豆价格支持政策的演变 / 140

四、我国大豆产业发展面临的主要问题 / 141

五、提升大豆产业国际竞争力的对策建议 / 145

第八章　我国蔬菜价格波动的特征、原因及调控思路研究 / 149

一、我国蔬菜价格波动呈现两大新特征 / 150

二、蔬菜价格大幅波动的主要原因 / 153

三、蔬菜价格调控需要破解四大矛盾 / 156

四、近年来加强蔬菜保供稳价的地方经验 / 163

五、完善蔬菜价格调控机制的思路及政策建议 / 165

第九章　生猪行业和猪肉市场特征及保障稳定运行的思路建议 / 173

一、保障生猪行业和猪肉市场稳定运行的意义 / 173

二、我国保障生猪产业和猪肉市场稳定运行的成效和经验 / 175

三、保障生猪产业稳定运行面临的压力和挑战 / 181

四、保障平稳运行的思路对策 / 183

第十章　“我”为什么种地？——关于农民种粮积极性的调研 / 187

一、黑龙江省粮食生产总体情况 / 188

二、黑龙江省农民种粮积极性较高的主要原因 / 193

三、制约农民种粮积极性进一步提升的主要因素 / 196
四、提高农民种粮积极性的政策建议 / 197

结语：展望2035年——中国特色农业现代化的本质特征与实现路径 / 201
一、中国特色农业现代化区别于西方的四大鲜明特征 / 201
二、实现中国特色农业现代化的重要举措 / 204

主要参考文献 / 206

后　　记 / 211

理 论 篇

第一章
新形势下保障粮食安全需提升三重能力

粮食安全是“国之大者”。作为人类生存发展不可或缺的特殊商品，粮食不但具有准公共品属性，还随着居民消费升级和全球化深入发展，呈现出愈发明显的社会属性和战略属性，特别是近年来后两者属性体现得尤为突出。相应地，粮食安全的内涵也从传统的数量型安全向质量型安全和能力型安全拓展。党的十八大以来，以习近平同志为核心的党中央始终高度重视粮食安全问题，不断巩固提升粮食产能，牢牢端稳中国人的饭碗，在数量型粮食安全得到有效保障的同时，质量型和能力型粮食安全保障能力也实现大幅提升。当前，国际环境日趋复杂，不稳定性不确定性日益增加，我们需要进一步处理好保障安全与对外开放、加大支持政策与提升国际竞争力、增加数量与提升质量和能力的关系，不断夯实保障国家粮食安全的基础，以国内稳产保供的确定性来应对外部环境的不确定性，牢牢把住国家粮食安全主动权。

一、关于保障粮食安全的相关研究综述

党的十八大以来，以习近平同志为核心的党中央始终高度重视粮食安全问题，提出了“谷物基本自给、口粮绝对安全”的新粮食安全观，确立了

“以我为主、立足国内、确保产能、适度进口、科技支撑”的国家粮食安全战略。国内学者围绕保障粮食安全的相关研究较多，特别是对粮食安全的内涵特征、对未来粮食产量和需求量的预测分析、有效保障粮食安全的战略选择等问题关注度较高。

（一）对粮食安全内涵的理解

粮食安全的内涵随着经济社会的发展而不断变化。20世纪70年代，联合国粮食及农业组织（以下简称“联合国粮农组织”）最早提出粮食安全这个概念，认为粮食安全是“保证任何人在任何时候，都能够得到为了生存和健康所需的足够食品”。1983年，联合国粮农组织将粮食安全的内涵扩展为“确保所有人在任何时候，都能买到且买得起所需的基本食品”；1996年进一步拓展为“让所有人在任何时候都能享受到充足的粮食，过上健康、富有朝气的生活”；2001年，再次丰富为“所有粮食需求者在任何时间都能在物质层面、经济层面和社会层面上获取数量充足、质量安全以及富含营养的食物，进而满足民众对健康生活的饮食需求和民众对食物的偏好需求”，此时，粮食安全的内涵已经从“吃得饱”转向“吃得好”。国内学者对于粮食安全的内涵也有各种认识，认为粮食安全与能源安全和金融安全共同构成三大经济安全，应当能够保障粮食在数量、品种结构、营养物质等多方面达到相应的要求，质量安全同样也是不可或缺的部分。新形势下粮食安全的核心要义是端牢中国人的饭碗，饭碗里主要装中国粮。随着居民生活水平的提升，鸡蛋、牛羊肉等其他畜禽产品，以及水产品等也逐步进入重要农产品范畴，从保障粮食安全向保障重要农产品供给安全发展是城乡居民食物消费发生结构性转变的必然要求。

随着自然资源约束收紧与生态环境压力加剧，我国粮食安全问题会以食品安全的形式表现出来。消费结构与供给环境不匹配，正在逐渐加剧我国粮食供需不平衡的矛盾。当前，我国粮食安全已从数量安全向质量安全、经济安全、资源环境安全等方面拓展，并可从数量、质量、结构和贸易四个方面来认识和把握。此外，应树立大食物观和大农业观，向耕地草原森林海洋和植物动物微生物要热量、要蛋白，全方位多途径开发食物资源。

（二）关于粮食产量和需求量的测算

我国学者对粮食需求量的预测研究开展较早。从一开始单纯的需求总量增长预测，到逐步考虑粮食消费的城乡、年龄、性别、品种等方面的差异，以及价格、消费偏好、膳食结构等，预测方法从初期的时间序列模型、增长率假定法等，逐步拓展至ARMA（自回归移动平均）模型和GARCH模型①、单方程模型、营养需求法和系统动力学等方法。从预测结果看，差异较大，2030年的粮食需求量有的专家学者测算为5.6亿吨，有的测算为5.63亿～5.85亿吨，有的测算为7.99亿吨。总体看，越早期的预测研究得出的需求量越低。从具体品种看，到2035年，玉米和大豆的自给率将分别降至82%和10%，进口量分别达到5600万吨和1.1亿吨。

（三）关于保障粮食安全的战略选择

对于保障粮食安全的中长期战略选择，我国基本都是坚持并确立“以我为主、立足国内、确保产能、适度进口、科技支撑”的国家粮食安全战略。在此框架下，学者们建议应抓住耕地和种子这两个要害，不断增强和储备粮食综合生产能力，建设一批旱涝保收的高标准农田，更加注重农业和粮食政策与货币政策、财政政策等宏观经济政策的协调。特别是此次新冠肺炎疫情反映出，粮食安全不仅是生产环节的问题，流通环节已成为影响粮食和重要

① GARCH模型被称为广义ARCH模型。ARCH模型全称自回归条件异方差模型。

农产品安全的重要变量。未来，必须统筹好抓生产与保生态的关系，解决好社会性与经济性的关系，处理好两个市场两种资源的关系，协调好粮食安全与国家综合安全的关系。特别是在构建新发展格局的大背景下，通过藏粮于地、藏粮于种、藏粮于智、藏粮于民的“内循环”来保障粮食安全，并通过优化粮食进口贸易格局、由“走出去”向“融进去”转变的“外循环”来保障粮食安全。

综上，对于保障中长期粮食和重要农产品安全的研究，应更加注重以下三个方面。一是在研究过程中更加关注科技进步的作用和贡献。如，数十年来，大豆和玉米争地的问题难以解决，如果保障了玉米的自给水平，就不得不大规模进口大豆。但是，随着科技的发展，大豆玉米带状复合种植技术不断成熟，有可能实现玉米和大豆兼容协调发展。二是在研究过程中更加关注最新情况的进展。如，我国拥有可利用盐碱地近3亿亩，尽管已对部分盐碱地进行了治理和开垦，但科技的进步使盐碱地综合利用的潜力仍然较大。中国科学院已培育出土壤含盐量在5‰和3.5‰以下的盐碱地，亩产分别超过300公斤和260公斤的大豆品种，这为未来拓展农业发展空间、推动农业生产力提升和结构调整均有很大意义。三是在研究过程中更加关注国际金融市场对于粮食和重要农产品安全的影响。对于粮食安全的认识，不但要体现在数量上，更要体现在对全球粮食市场的影响力上。近年来，美欧等农业强国通过对国际大宗农产品市场的管理调控、数据发布和预期引导等手段，拥有了较大的定价权，可以通过调控粮食短期价格，形成对全球粮食生产、运输和贸易等方面的重大影响力。因此，在全球金融市场高度发达的今天，相关研究不再仅仅是实物供给的安全保障问题，更涵盖了对全球农产品市场的有效影响和调控能力。

二、近年来粮食凸显的三重功能要求粮食安全提升三重能力

近年来，随着消费升级步伐不断地加快和全球化的快速发展，粮食的功能已不仅仅限于维持基本生存的功能，其提升居民生活品质的社会功能和作为大国博弈的战略功能越来越突出。粮食安全作为“六保”任务之一，在新形势下有新的内涵和更高的要求，需要我们在实现数量型安全基础上，大幅提升质量型和能力型安全保障能力。

（一）粮食维持人类生存的基本功能：实现自给自足是一个国家特别是人口大国的基本要求

准公共品是粮食作为特殊商品的基本属性。由于粮食具有生存的不可替代性、生产的非连续性、风险的弱可控性、流通的易腐性、需求增长的刚性以及物价水平的基础性等特点，长期以来被各国政府视为准公共品。在实践中，世界上绝大多数国家都建立了支持粮食生产、保护农业发展的政策体系，力求有效保障本国的粮食供给安全。这是对于一个国家、特别是人口大国的最基本要求，也是实现更高层次粮食安全的前提和基础。特别是在新冠肺炎疫情全球蔓延、短期内难以得到有效控制的背景下，粮食在经济发展和社会稳定中的重要性、关键性和根本性作用进一步凸显。

当前，无论从总产量还是从人均占有量看，我国的粮食供给水平均处于历史最高。现有库存超过全年产量，居民对于粮食的数量型需求得到有效满足。2003年以来，我国粮食生产实现历史性“十八连丰”，产量连续7年保持在1.3万亿斤以上的高位，2021年，粮食产量达到6.83亿吨的历史新高，粮食单产达到387公斤/亩（图1–1）。

2022年底，我国将建成10亿亩高标准农田，稳定保障1万亿斤以上粮食产能。根据《全国高标准农田建设规划（2021—2030年）》，2030年，我国将建成12亿亩高标准农田，并改造提升现有高标准农田2.8亿亩，届时将形成稳定保障1.2万亿斤以上的粮食产能，加之科技进步的贡献，未来5～10年我国粮食产量仍有增长空间和潜力，这为我们实现更高层次的安全保障能力提供了坚实基础和重要前提。

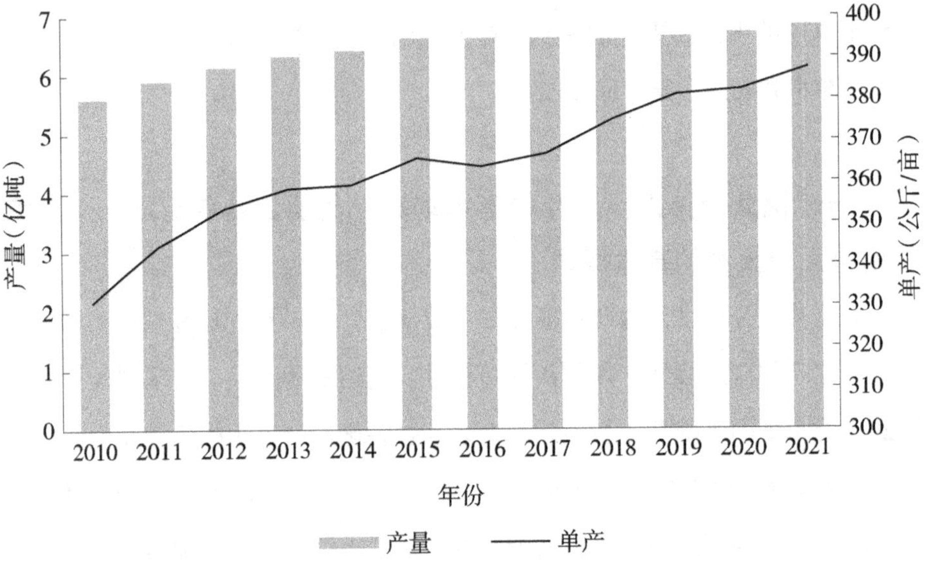

图1-1　2010—2021年我国粮食产量和单产变化情况

（资料来源：国家统计局）

（二）粮食提升生活品质的社会功能：品质提升和绿色健康是满足人民日益增长的美好生活需要的必要之举

近年来，我国粮食不但产量稳定在历史高位，品质也在不断提升，优质大米、强筋小麦等作物占比持续增长。例如，2022年夏粮主产区二等以上小麦占比超过90%，全国优质专用小麦比例达到38.5%。再如，在黑土地中生长出的东北大米，颗粒饱满、营养丰富、口感出众，不但东北人爱吃，也越来越受到全国人民的喜爱。东北稻谷产量持续提升，2020年首次超过4 000万吨，比2000年增长了123.4%，远高于同期全国稻谷产量13.3%的增长幅度，占全国产量的比重也从2000年的9.5%上升至2020年的18.9%（图1-2），较为有效地满足了居民对于中高品质大米的消费需求。

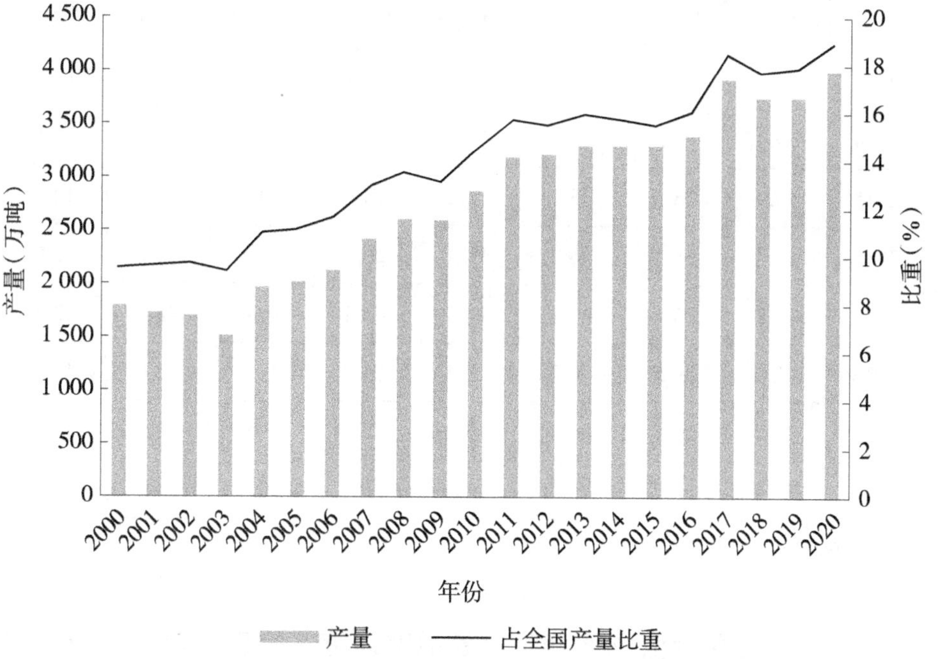

图1-2　2000—2020年东北稻谷产量及占全国产量比重变化情况

（资料来源：Wind数据）

从品类看，除粮食之外的其他重要农产品产量也稳定在较高水平。总体看，我国“吃得饱”的数量型粮食安全保障能力已基本实现，肉类、水产品、油料和牛奶等其他重要农产品产量也稳定在较高水平，2020年人均占有量分别达到37.4公斤、46.4公斤、25.4公斤和24.4公斤，远高于同期人均消费量水平，城乡居民对于重要农产品的数量型需求基本得到有效满足（表1-1）。

表1-1　2013—2020年我国重要农产品人均占有量及消费量变化情况

单位：公斤

年份	肉类		水产品		油料		牛奶	
	人均占有量	人均消费量	人均占有量	人均消费量	人均占有量	人均消费量	人均占有量	人均消费量
2013	49.1	25.6	42.2	10.4	24.2	10.6	22.2	11.7
2014	50.3	25.6	43.8	10.8	24.7	10.4	23.2	12.6
2015	48.9	26.2	45.1	11.2	24.7	10.6	23.2	12.1
2016	47.2	26.1	46.3	11.4	26.3	10.6	22.2	12.0
2017	47.3	26.7	46.5	11.5	25.1	10.4	21.9	12.1
2018	47.0	29.5	46.0	11.4	25.0	9.6	22.0	12.2
2019	38.7	26.9	46.4	13.6	25.0	9.5	22.9	12.5
2020	37.4	24.8	46.4	13.9	25.4	10.4	24.4	13.0

资料来源：国家统计局数据库。

（三）粮食作为大国博弈物资的战略功能：实现对全球农业市场和资源的有效掌控是更高层次的能力体现

随着国际贸易的快速发展，粮食作为关键物资的战略属性越来越强。基辛格曾说，谁控制了石油，谁就控制了所有国家，谁控制了粮食，谁就控制了整个人类。当前，全球仍有50多个国家和地区极度依赖粮食进口以维持生存，不饿肚子仍是许多国家需要解决的首要问题，特别是疫情暴发以来，全球粮食安全形势快速恶化，2021年全球饥饿人数达到7.68亿人，比2019年增加1.5亿人（图1-3）。

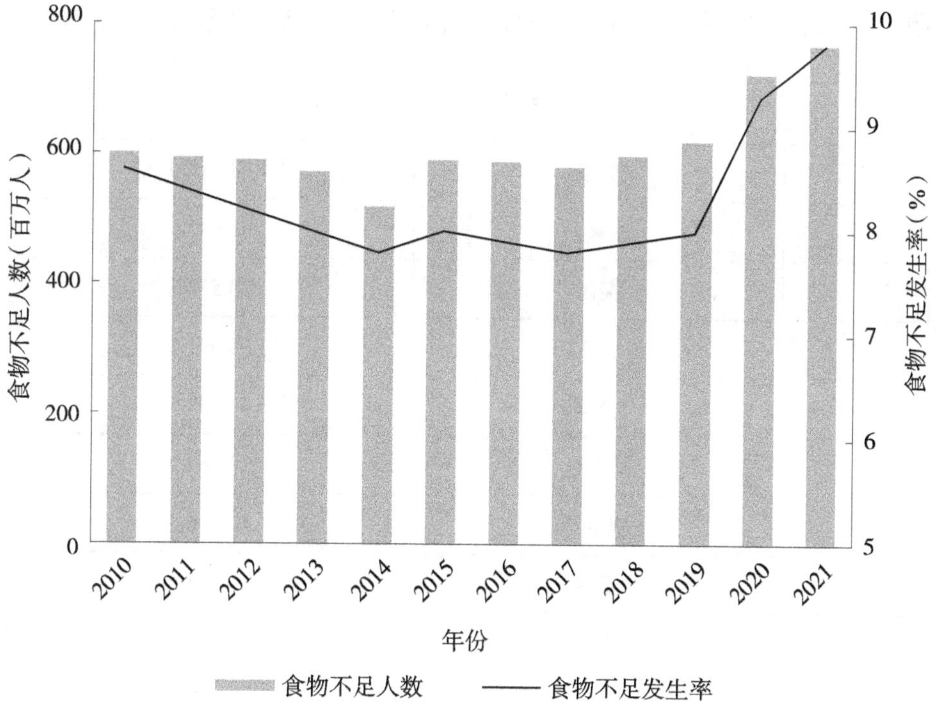

图1-3　2010—2021年全球处于饥饿状态人口变化情况

（资料来源：联合国粮农组织，2022年《世界粮食安全和营养状况》）

从农业生产条件和竞争力看，与许多农业大国相比，我国的人均农业资源和生产效率等存在劣势[①]。我国的人均耕地面积不到世界平均水平的一半，约为美国的1/5，加拿大的1/14，与同为人口大国的印度相比，也仅是其人均水平的73%。从生产效率看，2016年我国的人均农业增加值为1 529.2美元（2010年美元不变价），不但低于美欧等发达经济体，而且低于南非、菲律宾、巴基斯坦等发展中国家，仅为全球平均水平2 053.4美元的74.5%（表1-2）。受各种因素影响，我国农业总体上存在着“高成本、高价格、低效率”的问

① 张红宇．从公共卫生事件到粮食安全：由新冠肺炎疫情引发的相关问题思考［J］．中国农垦，2020（5）：29-34．

题，在一定程度上制约了开拓国际农产品市场和利用海外要素资源的能力。

表1-2　2016年部分国家人均农业增加值　　单位：美元

序号	国家	人均农业增加值
1	加拿大	92 689.0
2	美国	80 537.7
3	日本	55 901.0
4	德国	41 993.0
5	阿根廷	22 268.7
6	俄罗斯	12 256.1
7	巴西	10 725.6
8	南非	9 019.3
9	墨西哥	5 555.3
10	印度尼西亚	2 715.8
11	泰国	2 083.4
12	菲律宾	1 909.3
13	巴基斯坦	1 742.4
14	中国	1 529.2
15	印度	1 202.4
16	孟加拉国	768.9

资料来源：Wind数据，以2010年美元不变价计算。

从全球农业全产业链掌控情况看，以全球四大粮商[①]为代表的跨国巨头，

① 四大粮商指掌握全球粮食运销的四家跨国公司，即美国阿彻丹尼尔斯米德兰公司（ADM）、美国邦吉公司（Bunge）、美国嘉吉公司（Cargill）和法国路易达孚公司（Louis Dreyfus）。

不但在很大程度上控制了全球重要粮食品种的生产、加工、运输、贸易等环节，通过各种方式侵占重要农业生产国和消费国市场，而且近年来还通过其巨大的资本投入和研发实力，在种苗培育、基因编辑、生物燃料、高端食药等领域形成新的战略优势，对包括我国在内的农业生产国和重要资源国形成渗透和打压。在此背景下，粮食主要出口国通过粮食贸易和粮食援助等方式，一方面在政治和经济上对农业生产国和重要资源国形成影响，另一方面在农业生产国和重要资源国开拓海外销售市场。粮食主要出口国在化解国内粮食过剩产能的同时，攫取海外农业要素和资源，从而持续提升对全球农业资源和市场的掌控程度。虽然我国农业企业"走出去"的步伐在加快，但与已在全球经营布局几十年的传统农业强国相比，还存在着总体战略规划不足、跨国涉农企业规模较小、部分贸易受制于国际市场等短板和问题，亟需全面增强提升①。

此外，由于具有交易规模大、消费弹性低、自然和市场风险高等特点，粮食很早就成为期货交易的重要对象。近二三十年来，全球金融衍生品市场迅猛发展，粮食的金融属性也越来越强。目前，全球每年的粮食期货交易规模远大于实物量，国际粮价不再是简单的由供求关系决定。21世纪以来，全球粮食产量总体呈波浪式增长态势，多数年份波动幅度不超过5%，而国际粮食价格则呈现出大幅涨跌交织的情况，多数年份波动幅度超过15%，个别年份甚至超过110%。从变异系数看，2000—2020年全球大米、小麦和玉米产量的变异系数分别为0.092、0.102和0.226，而同期这三大主粮国际价格的变异系数分别达到0.377、0.319和0.372，表明三大主粮的国际价格波动幅度远高于全球产量波动幅度，可见价格波动的影响因素已不再仅限于实际产需的变化情况。2000年以来全球大米、小麦、玉米的产量和价格变化情况见图1-4至图1-6。

大宗农产品国际定价权，既会影响一个国家的农产品国际贸易能力，也

① 韩振国，杨静，李晶. 新中国70年农业"走出去"的历程探究［J］. 世界农业，2020（6）：104-109，119.

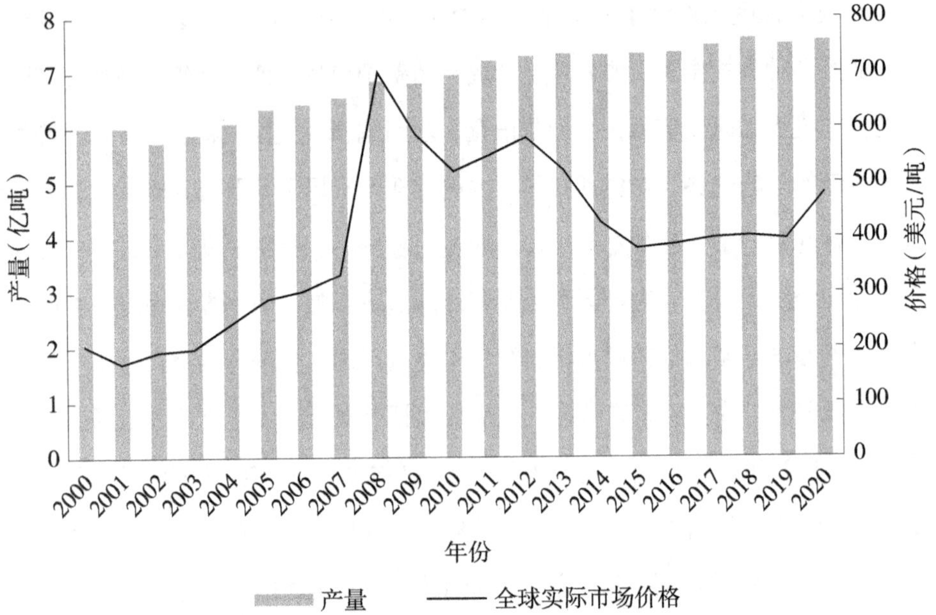

图1-4　2000—2020年全球大米产量和价格变化情况

（资料来源：全球产量来自联合国粮农组织，全球实际市场价格来自国际货币基金组织）

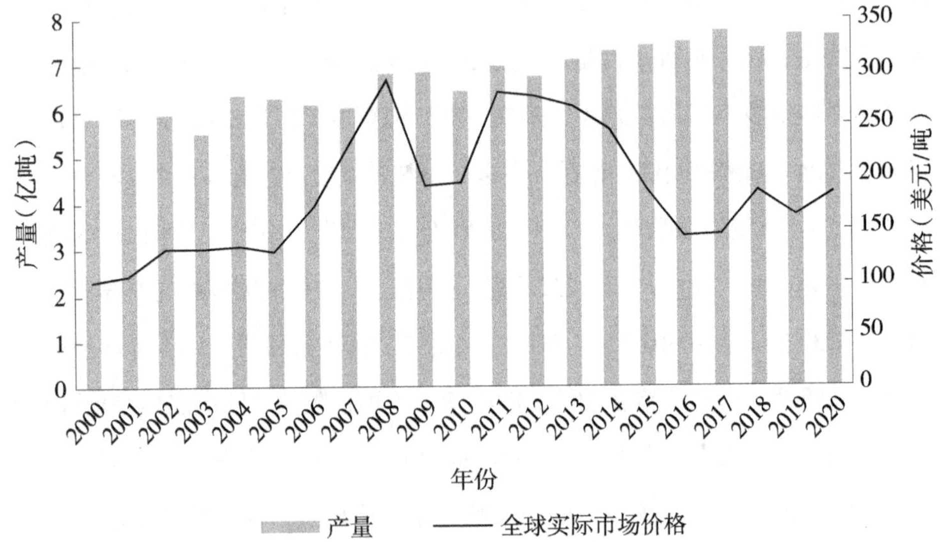

图1-5　2000—2020年全球小麦产量和价格变化情况

（资料来源：全球产量来自联合国粮农组织，全球实际市场价格来自国际货币基金组织）

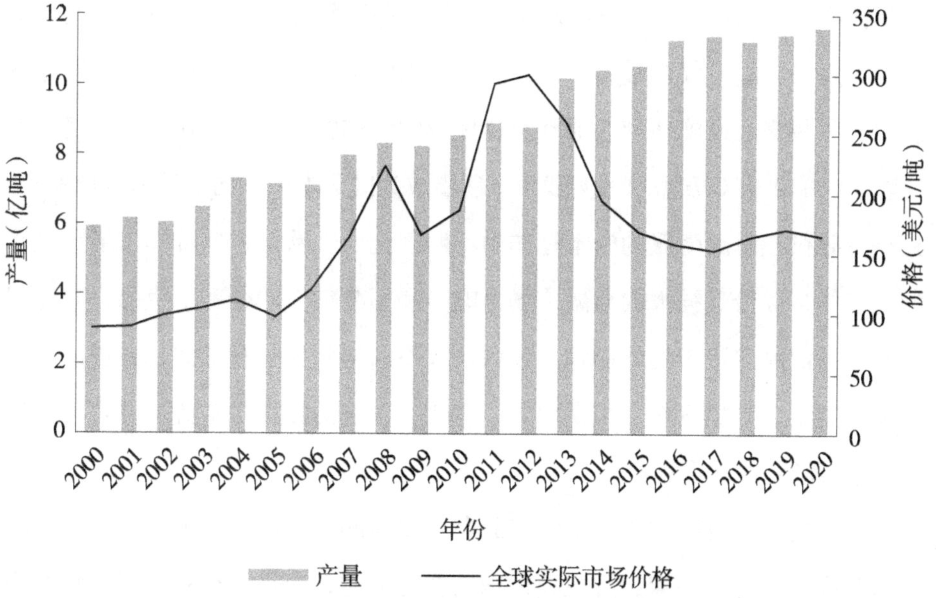

图1-6 2000—2020年全球玉米产量和价格变化情况

（资料来源：全球产量来自联合国粮农组织，全球实际市场价格来自国际货币基金组织）

会通过实体贸易和虚拟交易间接影响一国的经济运行情况。当前，全球重要农产品市场价格的确定主要是参考国际大宗农产品期货市场价格。目前，芝加哥期货交易所（CBOT）、芝加哥商品交易所（CME）、伦敦洲际交易所（ICE）等全球最主要的国际农产品期货交易所，主要处于美欧掌控之中，其对全球农产品贸易具有较强的话语权和影响力。近年来，美国及欧洲的农业强国通过对国际大宗农产品市场的管理调控、数据发布和预期引导等方式，调控短期价格，对全球粮食生产、运输和贸易等方面产生重大影响，从而获取高额利益。因此，在全球金融市场高度发达的今天，粮食安全不再仅仅是实物供给的安全保障问题，更涵盖了对全球农产品市场的有效影响和调控能力。

形成这样的格局主要有两个方面的原因。一是定价权在国际贸易的历史实践中逐步确立。由于美欧等发达经济体较早实现了农业现代化，加之政府多年持续实施的巨额农业补贴政策，使得这些经济体玉米、大豆、小麦、稻谷等大宗农产品不仅产量大，而且具有较强的国际竞争力。在多年的国际贸易中，一些交通设施便利、地理位置优越的农作物集散地，在规避价格波动风险、匹配供需双方需求的实践中，逐步成为国际农产品的贸易和定价中心。二是主导权在不断膨胀的资本运作中不断固化。美欧是全球资本市场最发达的经济体，凭借其强大的金融市场影响力和不断创新的金融衍生品，其对国际农产品商品期货市场的影响力和话语权不断得到加强和巩固，并进一步通过规则制定、数据发布、预期引导等方式，影响国际粮价走势，在实物市场和资本市场获取双重利益。

相比之下，我国主要从事农产品期货交易的交易所只有大连商品交易所和郑州商品交易所两家，且主要以国内交易为主，交易规模和国际影响力明显不足。从全部场内衍生品交易量来看，2019年全球80余家交易所的期货与期权成交量合计为344.8亿手。其中，美欧占据了排名前十位交易所中的五家，我国的上海期货交易所、大连商品交易所和郑州商品交易所分别排在第十至第十二位，三家交易所的成交量合计仅占全球比重的11.3%（表1-3），比同期我国GDP（国内生产总值）占世界的比重约低5个百分点。虽然我国是全球最大的粮食生产国和消费国，但由于定价权的缺失，在农产品国际贸易中处于劣势，对于国际大宗农产品价格大幅波动形成的输入性风险，也常常只能被动接受和内部消化。

表1-3　2019年全球场内衍生品交易量排名情况

排名	交易所	成交量（亿手）	占全球比重（%）
1	印度国家证券交易所（NSE）	59.6	17.3
2	芝加哥商业交易所集团（CME Group）	48.3	14.0

续表1–3

排名	交易所	成交量（亿手）	占全球比重（%）
3	巴西证券交易所（B3）	38.8	11.3
4	洲际交易所（ICE）	22.6	6.6
5	欧洲期货交易所（Eurex）	19.5	5.7
6	芝加哥期权交易所（CBOE）	19.1	5.5
7	纳斯达克证券交易所（NASDAQ）	17.9	5.2
8	韩国交易所（KRX）	15.5	4.5
9	莫斯科交易所（MOEX）	14.6	4.2
10	上海期货交易所（SHFE）	14.5	4.2
11	大连商品交易所（DCE）	13.6	3.9
12	郑州商品交易所（ZCE）	10.9	3.2
……	……	……	……
全球合计		344.8	100.0

资料来源：刘日.全球衍生品市场份额及竞争格局分析［N］.期货日报，2020–06–10。

注：芝加哥商业交易所集团（CME Group）旗下包括：芝加哥商品交易所（CME）、芝加哥期货交易所（CBOT）、纽约商业交易所（NYMEX）、纽约商品交易所（COMEX）等著名交易所。

三、新形势下保障粮食安全需要处理好三大关系

（一）保障粮食安全与农业对外开放的关系

从古至今，确保粮食安全都是治国安邦的首要政务，都是一国农业发展的核心目标之一。纵观世界，主要大国均高度重视粮食安全问题，将其视为

成为全球强国的根本前提和重要基础。

一方面，我国是世界上人口最多的国家，吃饭问题必须依靠自己，口粮安全必须绝对保证。应当看到，当前我国面临着耕地资源约束日益增强、资源环境保护压力加大、自然气候条件存在不确定性、补贴政策的边际效用下降等问题，而人口增长、城镇化推进、居民消费水平提升等均会带来对粮食的刚性需求增长。在对外开放程度不断提升的情况下，我国农业将会在越来越广的领域面对全球农业强国的挑战。因此，在农业开放过程中，首先要确保粮食安全这个大前提。

另一方面，随着国内对农产品的需求越来越多样化、个性化，国内耕地面积、用水等资源有限，客观上也需要从国外进口各类农产品，关键是要把握进口的规模、种类和节奏，做好监测和预警工作。同时，随着越来越多的企业"走出去"，我国农业面临着更广阔的全球市场和前所未有的历史机遇，应更科学合理地利用好国外市场和国际资源，通过开放来更有效地提升本国粮食安全保障水平和能力。

（二）实施保护政策与提升国际竞争力的关系

由于农业劳动生产率总体上低于二三产业，而农业本身又具有保障国家安全、优化生态环境、提供工业基础原料等公共属性，因此各国都对农业实施了支持保护政策。但农业保护政策的方式和力度应随着国内外发展环境的变化而调整，应注重在保护中促进本国农业国际竞争力的提升。

一方面，要充分发挥好市场在资源配置中的决定性作用。在充分发挥补贴政策引导作用的同时，尽量避免对市场正常运行的影响，特别是在执行方式上，可借鉴相关国际经验，通过更加市场化、商业化的方式来实现农业补贴的政策目标，实施主体可以不局限于各级政府，而是委托相关协会、学会、企业等以市场方式开展。日本对大米的支持补贴政策就是典型的过度保护。

多年来，日本政府通过或明或暗的补贴和关税政策，较为有效地保护了国内大米生产，实现了较高的大米自给率，保障了农民收入总体不低于城镇居民。但是，过度的保护政策使得日本农业规模化生产迟迟难以推广，农民兼业化现象普遍，财政负担一直较重，大米价格长期与国际倒挂，国内消费者承受更多负担，产业国际竞争力始终难以得到有效提升。

另一方面，在设计农业补贴政策时，应从全球资源配置的视角进行考虑，既要保护国内农业发展，更要利用好国际农业市场和资源。以美国实施多年的粮食对外援助政策为例，该政策既通过补贴对内收购了市场上过剩的粮食，又以粮食援助为抓手，扩大了其在发展中国家的影响力，助其实现全球战略布局。同时，美国通过粮食援助可以进一步引导当地居民形成更多食用援助粮食小麦的习惯，扩大其小麦的海外消费市场，反过来又促进了国内农业的有效生产和竞争力的提升，这对我们现阶段完善农业对外开放政策有一定借鉴意义。

（三）增加农产品数量与提升产品质量的关系

近年来，我国粮食综合生产能力持续提升，对于粮食安全的保障层次已经跨过“吃得饱”阶段，正从“吃得好”向“吃得健康、吃得安全”阶段迈进。因此，在增加农产品数量供给的同时，更应注重对产品质量和安全的提升。

一方面，加强高品质农产品供给。重视以消费需求为导向的农业生产，改变长期以来受农产品供给总量不足困扰而实施的政策体系。加快推进绿色农业发展，加强农业科技的研发和推广，推动农业生产方式、经营方式和农产品营销方式等方面的创新，加强农业标准化生产和农产品品牌建设。

另一方面，加强农产品质量安全和食品安全监管。借鉴国际先进监管经验，完善相关法律法规体系，加强标准信息公共服务平台建设，建立政府有关部门、专家学者、企业代表、行业协会等利益相关方共同参与政策制定的机制，完善监管绩效评价与问责机制。充分运用各种现代化科技手段，加强源头检测和产品追溯体系建设，打造“从农田到餐桌”的全程现代安全监管体系。

四、基于实现三重安全保障的粮食安全新内涵

现阶段是基本实现我国农业现代化的发展关键期，也是我国粮食安全保障能力从自给自足到面向全球整合资源的战略转变期，其间既存在新的风险，也面临新的机遇。在我国对外开放程度不断加深、消费结构持续升级的背景下，应以更加开放积极的思维和全球化视野，重新审视粮食安全问题，力争在未来10～15年，实现从数量型保障向质量型满足和能力型提升的转变。

（一）粮食安全的新内涵

在我国粮食产量稳居高位、农产品消费需求持续升级、农业对外开放力度不断加大等新形势下，为保障粮食安全，必须具有从“单一安全”向“全链条安全”、从“消极安全”向“积极安全”、从“数量安全”向“质量和能力安全”转变的新认识和开放、多元、优质、绿色的新思维，着力构建包括研发、种植、加工、储运、贸易在内的全球农业大循环体系，全面提升国际竞争力、定价影响力、国际掌控力。

（二）新内涵包含的三个层次

总体看，粮食安全的新内涵主要包含三个层次。第一层次是数量型安全，

这是基于粮食维持人类生存的基本功能而提出的。民以食为天，吃饭是人类最基本的生存需求，只有满足了这个基本需求后，人们才能有精力从事其他生产活动。对我国而言，确保数量型安全，就是要确保主粮数量的有效供给，稳定粮食生产，实现谷物基本自给、口粮绝对安全，这是我国确保粮食安全的最基本要求，也是实现更高层次粮食安全的基础和前提。同时，要树立大食物观，向耕地草原森林海洋和植物动物微生物要热量、要蛋白，全方位多途径开发食物资源。虽然，目前我国数量型安全保障能力较强、保障水平较高，但仍不能掉以轻心。

第二层次是质量型安全，这是基于粮食提升生活品质的社会功能而提出的。对我国而言，确保质量型安全，就是要更好满足人民群众对农产品安全性、多样性、便利性的更高要求，顺应人民群众食物结构变化趋势，在确保粮食质量和供给结构不断提升的同时，保障肉类、蔬菜、水果、水产品等各类食物的有效供给，实现从“吃得饱”向“吃得健康、吃得安全”的跃升。这是进入全面小康社会后，对粮食安全赋予的更高要求，也是人民群众最关心的民生问题之一。

第三层次是能力型安全，这是基于粮食作为大国博弈物资的战略功能而提出的更高层次要求。对我国而言，确保能力型安全，就是要在对外开放水平不断提升的背景下，有效提升我国农业竞争能力，并增强对全球农业资源和市场的影响力和掌控力。一方面，进一步提升对国际农产品市场价格的影响力和话语权，增强我国在国际农产品资本市场上的地位和作用。另一方面，不断提升国内农业竞争能力，并通过有效的“走出去”和“引进来”，在全球范围建构我国粮食生产、加工、存储、运输和贸易全链条的内外联通农业大循环体系，实现从被动安全向主动安全转变。这既是对我国粮食安全保障工作提出的更高要求，也是2035年我国基本实现农业现代化目标面临的主要挑战和亟待补齐的发展短板（图1–7）。

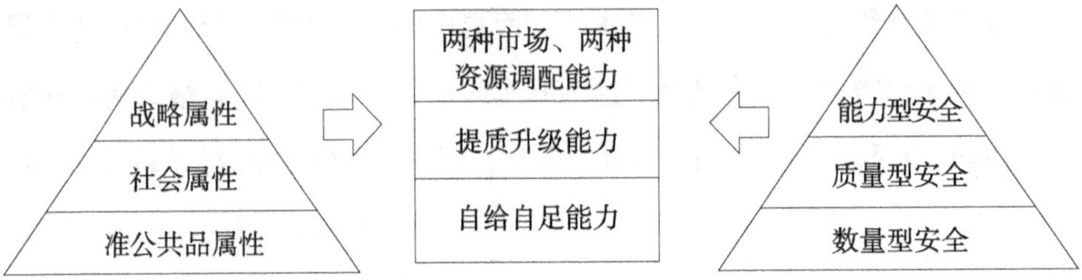

图1-7　粮食的三重属性和保障粮食安全能力的三个层次

第二章
进一步夯实数量型安全保障能力

五谷者，万民之命，国之重宝。党的十八大以来，以习近平同志为核心的党中央把解决好十几亿人口的吃饭问题作为治国理政的头等大事，确立了“以我为主、立足国内、确保产能、适度进口、科技支撑”的国家粮食安全战略，提出了“谷物基本自给、口粮绝对安全”的新粮食安全观。我国粮食产量连续7年稳定在1.3万亿斤以上，10年再上一个千亿斤新台阶，人均粮食占有量达483公斤，明显高于世界平均水平，不但依靠自己的力量实现了粮食基本自给，有效提升了粮食安全保障水平，而且为促进世界粮食事业健康发展、保障世界粮食安全作出了重要贡献。同时应当看到，今后一个时期我国粮食需求还将持续增加，粮食供求紧平衡的格局没有彻底改变，必须毫不放松抓好粮食生产，深入实施藏粮于地、藏粮于技战略，强化种粮收益保障，有效保护和调动农民种粮积极性，努力构建更高层次、更高质量、更有效率、更可持续的粮食安全保障体系。

一、我国数量型粮食安全得到有效保障

（一）从数量情况看，粮食产量处于历史最高时期

中国自古就是农业大国，一直以来就将依靠自身确保粮食安全视为经济

社会发展的基石。特别是党的十八大以来，以习近平同志为核心的党中央将粮食安全纳入国家安全大局，立足世情国情粮情，确立了“谷物基本自给、口粮绝对安全”的新粮食安全观，提出了“以我为主、立足国内、确保产能、适度进口、科技支撑”的国家粮食安全战略。用不足全球9%的土地，养育了世界近1/5的人口，实现了从“谁来养活中国”到“中国人的饭碗装中国粮”的历史性变革。

经过多年的艰苦奋斗和不懈努力，我国粮食生产实现“十八连丰”，近7年粮食产量一直保持在1.3万亿斤以上的高位，是世界第一大粮食生产国和第三大粮食出口国。2021年，我国人均粮食占有量达到483公斤的历史新高，远高于人均400公斤的国际安全标准线（图2-1）。粮食单产稳步提升，2021

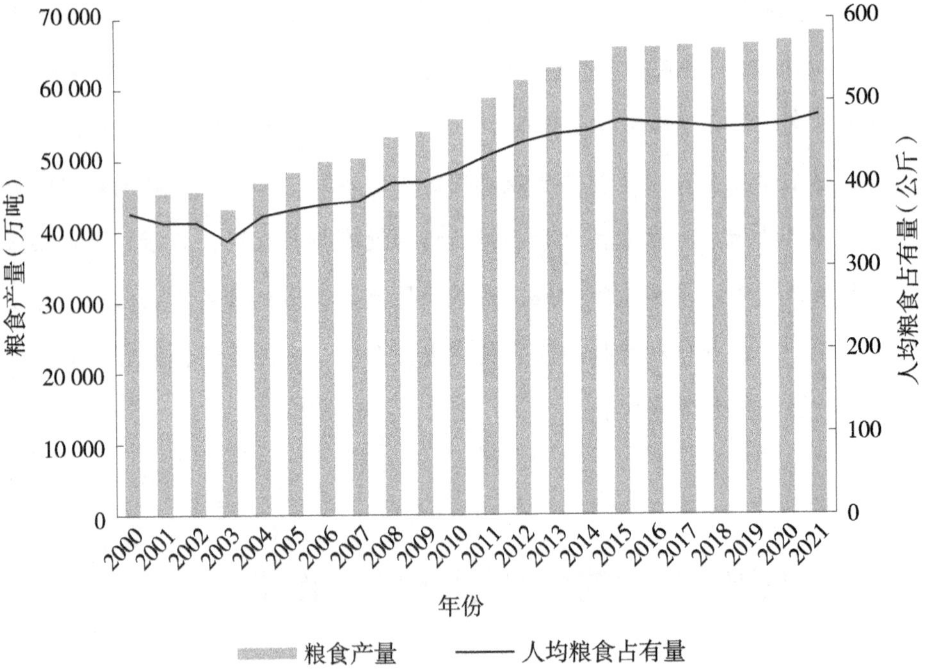

图2-1 2000—2021年我国粮食产量和人均粮食占有量变化情况

（资料来源：国家统计局）

年我国粮食单产达到387公斤/亩，比2010年增长了16.7%，对于同期我国粮食产量的贡献超过70%。总体看，我国口粮自给率在100%以上，谷物自给率超过95%，确保了“谷物基本自给、口粮绝对安全”的战略底线，并且粮食库存充足，粮食安全形势总体向好。

（二）从防灾抗灾能力看，稳产高产水平大幅提升

经过多年努力，我国粮食稳产高产能力大幅提升。首先，确保耕地面积稳定。稳定耕地面积是实现丰收的基础，长期以来，我国实施最严格的耕地保护制度，以“长牙齿”的耕地保护硬措施，严守18亿亩耕地红线。通过稳定耕地面积、提高耕地质量，有效提升了抗灾稳产能力。其次，强调耕地保护和地力提升。单产提升是实现丰收的关键，我国持续推进高标准农田建设，有效增强农田防灾抗灾减灾能力。到2022年底，我国将建成10亿亩高标准农田，稳定保障1万亿斤以上粮食产能。根据《全国高标准农田建设规划（2021—2030年）》，2030年我国将建成12亿亩高标准农田，并改造提升现有高标准农田2.8亿亩，届时将形成稳定保障1.2万亿斤以上的粮食产能。此外，科技的支撑能力不断提升。例如，2022年的夏粮生产，尽管遭遇了2021年罕见的秋汛等特殊困难，但在各方共同努力下，我国夏粮仍实现增产丰收，其中科技的支撑作用得到充分体现。面对罕见秋汛带来的不利影响，相关部门迅速制定小麦抗湿播种方案，指导各地落实“抢播四补”（以种补晚、以密补晚、以好补晚、以肥补晚）措施，有效稳定了播种面积。面对小麦苗情偏弱的情况，相关部门结合大数据，及时制定分区域、分苗情的促弱转壮技术预案，有效促进苗情快速好转。针对中后期病虫和自然灾害，中央财政紧急安排16亿元支持开展小麦“一喷三防”，有效促进小麦后期防灾减灾、增单产、提质量。总体看，我国粮食抗灾稳产能力在稳步提升，进一步夯实国家粮食安全基础。

（三）从横向看，中国粮食增产对于提升世界粮食产量水平作出重要贡献

从产量情况看，2020年全球三大主粮玉米、稻谷、小麦产量在5 000万吨以上的国家有8个，产量之和占全球的比重超过66%，集中度较高且较稳定。其中，2020年中国粮食产量占全球的比重达到22.7%，多年来稳居世界第一位（表2-1）。从增产情况看，全球三大主粮2020年的产量比2000年共增长9.04亿吨，其中，中国增产达到2.13亿吨，增产规模占同期全球粮食增产的23.6%，为提升世界粮食产量水平作出重要贡献。

表2-1 全球主要产粮国2000年以来主粮产量变化情况

序号	国家	2000年产量（亿吨）	2020年产量（亿吨）	2020年比2000年产量增长量（亿吨）	增幅（%）
1	中国	3.96	6.09	2.13	53.8
2	美国	3.21	4.20	0.99	30.8
3	印度	2.16	3.16	1.00	46.3
4	巴西	0.45	1.21	0.76	168.9
5	俄罗斯	0.37	1.01	0.64	173.0
6	阿根廷	0.33	0.79	0.46	139.4
7	印度尼西亚	0.62	0.77	0.15	24.2
8	乌克兰	0.14	0.55	0.41	292.9
八国产量合计		11.24	17.79	6.55	58.3
全球产量合计		17.76	26.80	9.04	50.9

资料来源：联合国粮农组织。

注：八国产量之和占全球产量的比重，2000年为63.29%，2020年为66.38%。

事实上，作为人口大国能够实现粮食自给是一件非常不容易的事。联合国粮农组织数据显示，在全球人口超过1亿人的14个国家中，三大主粮对外依存度不超过10%的国家仅有7个，而在这7个国家中，人均主粮占有量能够达到400公斤以上的，仅有中国、美国、俄罗斯和巴西这4个国家。而另一个人口超过10亿人的印度，人均主粮占有量仅约为我国的一半（表2-2）。

表2-2　2020年人口在1亿人以上的国家主粮生产情况

国家	人口（亿人）	净进口量（万吨）	对外依存度（%）	人均主粮占有量（公斤）
美国	3.3	−7 587.6	0.9	1 267.8
俄罗斯	1.4	−3 919.8	0.4	700.3
巴西	2.1	−2 742.8	6.6	571.1
中国	14.1	2 534.9	4.5	431.4
孟加拉国	1.6	823.0	13.7	364.0
印度尼西亚	2.7	1 113.5	14.5	282.1
菲律宾	1.1	874.9	31.9	250.2
墨西哥	1.3	1 935.0	64.9	238.2
印度	13.8	−1 545.3	0.1	229.0
埃及	1.0	1 698.9	79.5	209.1
巴基斯坦	2.2	−39.8	6.0	190.7
埃塞俄比亚	1.1	123.3	7.9	136.5
尼日利亚	2.1	619.3	30.6	98.1
日本	1.3	2 114.4	198.4	84.7

资料来源：联合国粮农组织。

二、粮食紧平衡格局并未发生根本改变

虽然，近年来我国持续提升粮食综合生产能力，增强了有效应对各类风险考验的底气，但我国粮食紧平衡格局并未发生根本改变。

（一）总量不足问题重新显现

2004年以来，我国粮食产量连续增长，多年来产不足需的情况得到明显改变。2006年，我国三大主粮的产量比消费量多667.2万吨，实现了供大于求的转变，之后连续十多年一直保持这一格局。但2018年，产不足需的情况再次出现，2021年三大主粮的产需缺口已超过3 300万吨（图2-2）。

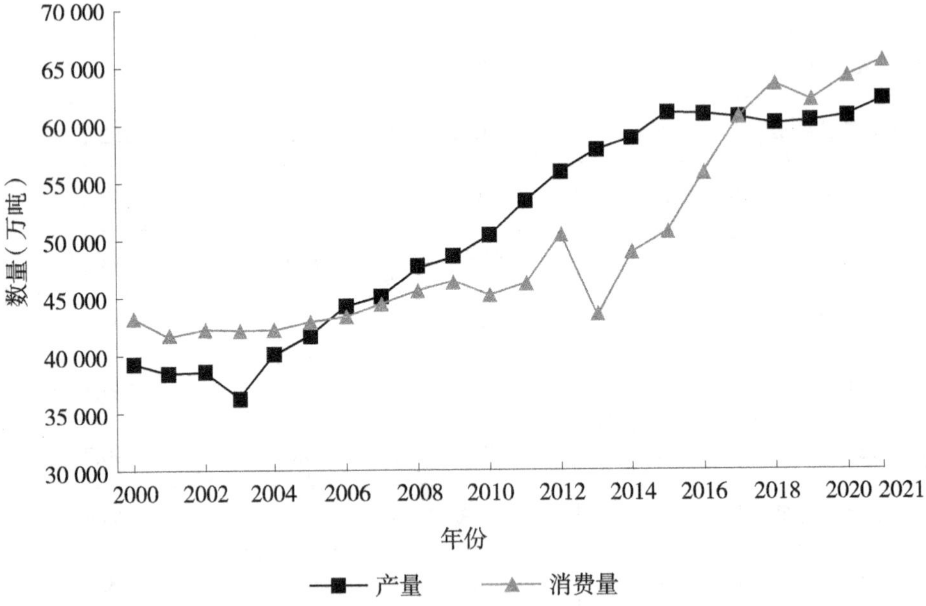

图2-2　2000年以来我国三大主粮产量和消费量变化情况

（资料来源：国家统计局）

再次出现产不足需情况的主要原因是消费量增长速度快于产量增速。而推动粮食消费量快速增长的主要原因，是饲料消费量和工业消费量的快速增长。随着居民生活水平的持续提升，饮食结构逐步发生变化，对于肉禽蛋奶等农副产品的需求持续增长，从而推动了玉米、大豆等作为养殖饲料需求的大幅增长。同时，近年来玉米加工产业实现较快发展，淀粉、酒精、燃料乙醇等深加工产能持续扩大，也成为拉动消费快速增长的重要动力。以玉米为例，2021年，我国玉米用于饲料和工业的消费量分别达到17 510万吨和9 150万吨，分别占当年玉米总消费量的60.7%和31.7%，而直接用于居民食用的消费量仅占3.1%（表2-3）。

表2-3　我国玉米消费主要用途变化

年份	产量（万吨）	饲料		工业		食用	
		消费量（万吨）	占当年玉米总消费量比重（%）	消费量（万吨）	占当年玉米总消费量比重（%）	消费量（万吨）	占当年玉米总消费量比重（%）
2000	10 600	8 680	72.9	830	7.0	585	4.9
2010	19 075	9 863	60.3	4 510	27.6	759	4.6
2016	26 361	14 878	61.7	6 610	27.4	870	3.6
2021	27 255	17 510	60.7	9 150	31.7	889	3.1

资料来源：Wind数据。

同时，随着以人为核心的新型城镇化战略深入推进，粮食消费量也会持续增长。新型城镇化的有序推进，打破了原有粮食消费“城市靠市场、农村靠自己”的模式，许多原来“自给自足、有余出售”的粮食生产者，进入城镇后变成不再从事粮食生产而是到市场购买的纯粮食消费者。未来随着城镇化率特别是常住人口城镇化率的不断提升，即使人口总量没有大的变化，对粮食的消费量也会不断增加。

此外，宠物用粮也在快速增长。随着新型城镇化的快速推进和人口加速老龄化，尤其是现代紧张忙碌的生活方式，以及越来越以网络为媒介的社交方式，逐渐形成了人们相对独立的生活状态，越来越多的人将宠物视为自己亲密的伙伴，我国宠物数量特别是犬、猫的数量快速增长，宠物消费市场出现了持续强劲的发展势头。Wind数据显示，2021年我国犬猫宠物数量达到1.1亿只，比2017年增加了约2 500万只，短短5年的时间就增长了28.5%。从国外发展规律看，人均宠物数量与人均收入呈现正相关关系。美国的宠物数量约有4亿只，总数量大约是全国人口总数量的1.3倍，其中，人均拥有犬猫宠物0.5只①。目前，我国人均宠物猫狗的数量仅为0.08只，随着生活水平的持续提升，宠物数量预计还将保持较快增长态势。2021年，我国宠物饲料产量首次突破100万吨，达到113万吨，若按未来我国人均宠物量达到美国的一半计算，则未来的宠物饲料产量将超过350万吨，折合成原粮的规模会更大。

（二）资源环境约束持续增强

多年来，由于化肥和农药等过度使用，导致我国耕地板结化、土壤酸化，造成耕地污染，形成食品化肥农药残留超标，既危害农业生态环境，又威胁人民群众食品安全。随着资源环境约束的持续增强，未来粮食产量的提升不能再依靠大规模的化肥和农药投入。

同时，水资源匮乏问题日益凸显。我国人均水资源仅为世界平均水平的1/4，是全球人均水资源最贫乏的国家之一。尽管近年来农业用水效率逐步提升，但农业用水占全国总用水量的比重仍超过60%（表2-4）。从总量看，未来我国农业用水规模难以有较大提升空间，水资源约束会更加突出。从区域

① 《2017年中国人均宠物数量、宠物消费情况及宠物食品市场空间分析》，中国产业发展研究网，2017年12月27日。

结构看，我国13个粮食主产区有7个在贫水的北方，6个在丰水的南方，20世纪90年代初，南方和北方的粮食产量占全国比重相差无几，此后南降北升，目前北方的粮食产量已远高于南方。但是，水资源的分布结构却是相反。2020年，北方的水供应量占比约为46%，南方的水供应量占比达54%，但同年，北方农业用水占比约为53%，南方农业用水占比约为47%（表2–5）。这就造成北方本就缺水，但为了保障农业生产，又不得不用更多的水，进一步加剧了北方缺水问题。

表2–4　2000—2020年我国不同领域用水变化情况

年份	用水总量（亿立方米）	农业		工业		生活		生态	
		用水量（亿立方米）	占比（%）	用水量（亿立方米）	占比（%）	用水量（亿立方米）	占比（%）	用水量（亿立方米）	占比（%）
2000	5 497.5	3 783.5	68.8	1 139.1	20.7	574.9	10.5	0.0	0.0
2002	5 497.3	3 736.2	68.0	1 142.4	20.8	618.7	11.3	0.0	0.0
2003	5 320.4	3 432.8	64.5	1 177.2	22.1	630.9	11.9	79.5	1.5
2004	5 547.8	3 585.7	64.6	1 228.9	22.2	651.2	11.7	82.0	1.5
2005	5 633.0	3 580.0	63.6	1 285.2	22.8	675.1	12.0	92.7	1.6
2006	5 795.0	3 664.4	63.2	1 343.8	23.2	693.8	12.0	93.0	1.6
2007	5 818.6	3 599.5	61.9	1 403.0	24.1	710.4	12.2	105.7	1.8
2008	5 910.0	3 663.5	62.0	1 397.1	23.6	729.3	12.3	120.2	2.0
2009	5 965.2	3 723.1	62.4	1 390.9	23.3	748.2	12.5	103.0	1.7
2010	6 022.0	3 689.1	61.3	1 447.3	24.0	765.8	12.7	119.8	2.0
2011	6 107.2	3 743.6	61.3	1 461.8	23.9	789.9	12.9	111.9	1.8
2012	6 141.8	3 880.3	63.2	1 423.9	23.2	728.8	11.9	108.8	1.8
2013	6 183.4	3 921.5	63.4	1 406.4	22.7	750.1	12.1	105.4	1.7
2014	6 094.9	3 869.0	63.5	1 356.1	22.2	766.6	12.6	103.2	1.7

续表2-4

年份	用水总量（亿立方米）	农业		工业		生活		生态	
		用水量（亿立方米）	占比（%）	用水量（亿立方米）	占比（%）	用水量（亿立方米）	占比（%）	用水量（亿立方米）	占比（%）
2015	6 103.2	3 851.5	63.1	1 334.8	21.9	794.2	13.0	122.7	2.0
2016	6 040.2	3 768.0	62.4	1 308.0	21.7	821.6	13.6	142.6	2.4
2017	6 043.4	3 766.4	62.3	1 277.0	21.1	838.1	13.9	161.9	2.7
2018	6 015.5	3 693.1	61.4	1 261.6	21.0	859.9	14.3	200.9	3.3
2019	6 021.2	3 682.3	61.2	1 217.6	20.2	871.7	14.5	249.6	4.1
2020	5 812.9	3 612.4	62.1	1 030.4	17.7	863.1	14.8	307.0	5.3

资料来源：国家统计局。

表2-5　2005—2020年我国北方和南方供水量及农业用水量变化情况

年份	供水总量				农业用水总量			
	北方6区		南方4区		北方6区		南方4区	
	总量（亿立方米）	占供水总量比重（%）	总量（亿立方米）	占供水总量比重（%）	总量（亿立方米）	占农业用水总量比重（%）	总量（亿立方米）	占农业用水总量比重（%）
2005	2 490.5	44.2	3 142.5	55.8	1 857.3	51.9	1 722.7	48.1
2006	2 601.8	44.9	3 193.2	55.1	1 952.6	53.3	1 711.8	46.7
2007	2 552.5	43.9	3 266.2	56.1	1 908.7	53.0	1 689.8	47.0
2008	2 621.9	44.4	3 288.0	55.6	1 959.2	53.5	1 704.2	46.5
2009	2 675.4	44.9	3 289.8	55.1	2 011.3	54.0	1 711.8	46.0
2010	2 704.9	44.9	3 317.1	55.1	2 008.2	54.4	1 680.9	45.6
2011	2 766.4	45.3	3 340.8	54.7	2 044.0	54.6	1 699.6	45.4
2012	2 818.7	46.0	3 312.5	54.0	2 148.1	55.0	1 754.4	45.0

续表2-5

年份	供水总量				农业用水总量			
	北方6区		南方4区		北方6区		南方4区	
	总量（亿立方米）	占供水总量比重（%）	总量（亿立方米）	占供水总量比重（%）	总量（亿立方米）	占农业用水总量比重（%）	总量（亿立方米）	占农业用水总量比重（%）
2013	2 822.0	45.6	3 361.4	54.4	2 161.3	55.1	1 760.2	44.9
2014	2 780.2	45.6	3 314.7	54.4	2 126.9	55.0	1 742.1	45.0
2015	2 762.2	45.3	3 341.0	54.7	2 119.9	55.0	1 732.3	45.0
2016	2 748.9	45.5	3 291.3	54.5	2 089.6	55.5	1 678.4	44.5
2017	2 729.4	45.2	3 314.0	54.8	2 054.2	54.5	1 712.2	45.5
2018	2 706.4	45.0	3 309.1	55.0	1 989.9	53.9	1 703.2	46.1
2019	2 746.5	45.6	3 274.7	54.4	1 993.6	54.1	1 688.7	45.9
2020	2 681.3	46.1	3 131.6	53.9	1 928.0	53.4	1 684.4	46.6

资料来源：国家统计局。

（三）种植比较优势下降直接影响粮农种粮积极性

多年来，我国应对粮食生产成本刚性上涨的主要办法是加大对生产者的补贴力度，以及相关价格支持政策和金融支持政策。但目前对农业的财政补贴总体规模已较大，再保持补贴规模快速增长的难度越来越大。未来，在补贴政策空间有限、生产成本继续上涨、国内外价格持续倒挂的情况下，农民种粮积极性将进一步受到影响。特别是大麦和高粱等没有关税配额保护的农产品，近年来进口规模迅速扩大。大麦外采率在2014年、2016年、2017年和2021年都曾超过80%，高粱外采率在2014年、2015年和2021年超过75%（表2-6）。随着大麦和高粱在饲料加工、酿酒、保健等领域的功能逐步被认识和开发，未来我国的大麦和高粱可能面临更多进口冲击，并有可能成为类似大豆的高外采率产品，需要更加重视。

表2-6　2012—2021年我国大麦和高粱进口规模变化情况

类别	年份	产量（万吨）	进口量（万吨）	外采率（%）
大麦	2012	162.6	218.3	57.3
	2013	170.0	489.1	74.2
	2014	181.0	985.9	84.5
	2015	187.0	586.9	75.8
	2016	175.2	810.4	82.2
	2017	180.0	814.4	81.9
	2018	185.0	681.5	78.6
	2019	201.0	593.0	74.7
	2020	203.6	808.0	79.9
	2021	200.0	1 248.0	86.2
高粱	2012	255.6	63.1	19.8
	2013	289.2	416.1	59.0
	2014	288.5	1 016.2	77.9
	2015	275.0	828.4	75.1
	2016	298.5	520.9	63.6
	2017	320.0	443.6	58.1
	2018	345.0	365.0	51.4
	2019	313.7	83.0	20.9
	2020	297.0	481.0	61.8
	2021	300.0	942.0	75.8

资料来源：Wind数据。

（四）自然灾害和极端天气多发

我国每年所遭受的自然灾害较多，频繁的干旱、洪涝等灾害给农业发展造成较大影响。进入21世纪以来，随着我国农田水利设施的完善和农业科技的发展应用，农作物受灾面积总体呈下降趋势。2001年，我国农作物受灾面积超过7.8亿亩，占当年耕地面积的比重超过40%，2020的受灾面积已降至2.3亿亩，占比为13.3%，但直接经济损失仍高达2 855.8亿元（图2-3），总体看，仍高于美欧等发达经济体水平。特别是近年来，全球气候条件不断变化，“厄尔尼诺”“拉尼娜”等灾害天气时有发生，我国粮食生产的自然风险总体仍然较高。

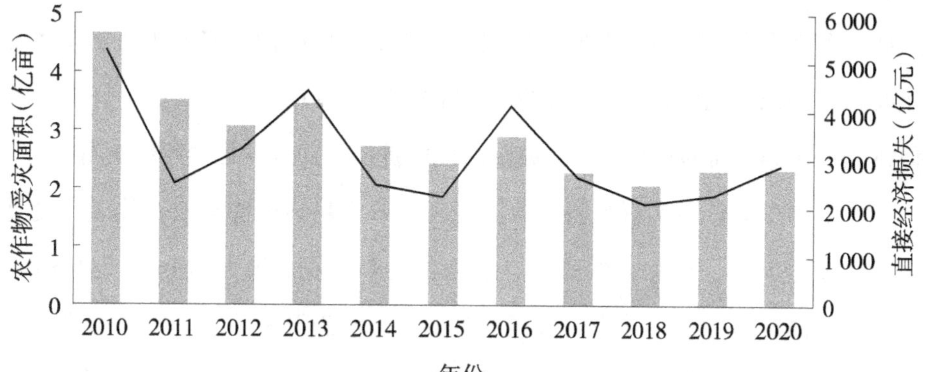

图2-3　2010—2020年我国农作物受灾面积及直接经济损失

（资料来源：水利部）

三、保障粮食稳产高产的国际经验

（一）稳定耕地面积：实施有效的耕地保护政策

美国是世界上较早推行耕地保护政策的国家。美国农业自然条件优越，规模化机械化程度高，历届政府都高度重视粮食安全问题，出台了一系列耕地保护政策和法律法规。1935年，美国颁布《土壤保护法》，将土壤保护和农产品价格支持政策挂钩，不断加大对耕地保护的支持力度。1977年和2002年美国政府分别颁布《土壤和水资源保护法》和《农业安全与农村投资法案》，加大对耕地保护的投入规模，用于耕地保护的财政资金规模连续翻番。实施土地休耕政策，鼓励农民休耕部分土地，既可恢复地力、提高土地质量、保护水土资源，又可通过短期休耕政策来控制粮食产量，解决农产品过剩问题。

欧盟高度重视耕地保护工作。欧盟作为全球第三大粮食出口地区，农业现代化程度高，近年来特别强调农业的绿色化发展，为确保耕地数量和质量，采取了多项政策措施。欧盟共同农业政策对于耕地保护形成了法制化和制度化要求，突出强调耕作方式的绿色化和耕地利用的精准化，出台了许多涉及休耕和环保等方面的补贴政策，鼓励农民保护耕地并减少化学药剂使用。

日本对土地资源实行严格的分类管理。日本耕地资源有限，政府高度重视粮食安全问题，依据自然条件、地理位置等将农用地大体分为三类管理。第一类是高产耕地、公共投资进行改良的耕地和新开发耕地等，这类耕地除公共用途外不得转用。第三类是土地利用区划调整区域内的土地、农地等，原则上可以转用。第二类介于第一类和第三类之间。并且，日本政府20世纪40年代末50年代初颁布《土地改良法》和《耕地培养法》，鼓励扩大耕地面积，提高耕地质量。

（二）保障生产积极性：开展类型多样的粮食生产补贴

美国政府长期对粮食生产进行直接和间接补贴，并建立了较为完善的农业保险和灾害补贴体系。1933年颁布《农业调整法》，对粮食产品实施价格支持政策，以保护农民的利益。2014年的农业法案以更为市场化的农业收入保险政策，来代替实施多年的直接补贴和反周期补贴等，对农民的种植收入进行保险补贴。

欧盟在1992年的共同农业政策改革中，取消了粮食生产补贴与产量脱钩，改为补贴与作物面积挂钩的直接补贴政策。同时，实行休耕补贴政策，对于符合休耕条件的农户按休耕面积进行直接补贴①。强调农业的绿色化发展，通过环保补贴引导农民减少化肥、除草剂、杀虫剂等施用量。此外，欧盟同样采取了价格支持政策，各成员国参考往年价格水平，制定当年粮食销售保护价，以保证农民的收入和种粮积极性。

2000年，日本出台了《针对山区、半山区实施直接支付制度》，通过对山区、半山区耕地农民实行直接补贴，以弥补山区和平原地区生产成本的差异造成的收入差距，调动生产积极性。同时，政府和农户共同出资建立稻作安定经营基金，根据前3年的粮食价格平均数算出基准价格，再从该基金中支付基准价格与当年实际价格差额的80%，用以补偿农民因价格下跌而带来的收入损失。此外，还开展了生产资料购置补贴、保险补贴和自然灾害补贴等其他补贴。2003年通过的《粮食法修改案》，对农业生产补贴特别是水稻生产补贴进行改革，大米生产由政府制定核产计划改为由农业协会来制定，补贴政策也进行了相应调整。

（三）强调科技支撑：通过补贴政策提升农业科技水平

美国非常重视科技对粮食生产的支撑作用，围绕农业相关科研进行持续大规模投入，早在19世纪就在各州建立了公立农学院和农业试验站，20世纪初已建立了覆盖全国的农业科技推广系统，其科技在农业发展中的贡献率高

① 欧盟将休耕补贴对象根据粮食产量分为有强制性休耕义务农场和自愿性休耕农场。前者必须休耕至少10%的耕地，但总休耕面积不得超过申请补贴面积的33%；后者休耕面积不得超过总耕地面积的33%。

达约70%。

欧盟也高度重视科技对粮食生产的提升作用，在农业科研领域每年保证较大规模的投入。同时，重视农业生产科技的推广普及工作，构建了包括正规农业学校教育、高等农业院校教育、农民培训中心等在内的多层次高效率的技术推广和服务体系。

日本也形成了较为完善的农业科研和推广体系。农业技术研发机构主要由公立科研机构、高等院校和民间科研机构组成，并形成了产学研有机结合的体系。同时，非常重视农业在教育领域的地位，建立了中学生定期参观农业活动和实践参与的农业劳动体验制度，设立了专门的农业高中和农业大学，形成了涵盖中央、都道府县、市町村等各个层次的农民职业教育体系，并依托强大的农协组织，有效地促进了农业技术的普及推广，持续提升了农业劳动者的素质和技能。

（四）突出储备作用：将粮食储备作为稳定价格和保障安全的重要手段

美国建立了多元化的粮食储备体系，既有以政府和企业为主体的调节供求的政策性储备，又有以粮食生产者和加工商为主体的维持正常经营的商业性储备，还有以部分农民为主的自愿参加储备计划的自有储备等，政府根据不同类型，给予不同程度补贴。近年来，美国政府鼓励扩大商业储备和农民自有储备规模，不断降低储备管理的运行成本。

欧盟的粮食生产长期处于供大于求状态，因此储备补贴政策成为其重要的粮食支持政策之一。为减少财政资金支出，欧盟成员国主要依靠相关机构和公司等代为收储，政府给予其必要的储费和利息补贴，并鼓励种粮农户和私人企业合理自储粮食。

由于粮食自给率较低，日本政府对于粮食储备非常重视。在1942年和

1995年颁布的《粮食法》和《新粮食法》中，明确了政府储备在平衡供求、调控市场、稳定价格和应急使用等方面的职责。根据种植结构和饮食习惯，日本政府主要对大米储备进行补贴，也根据市场需求和财政情况规定小麦、大豆等其他品种的储备规模。储备主要由政府储备和民间储备组成，其中政府储备约占20%，大部分储备主要通过农协组织或其他专业储备公司代储，政府按照一定标准进行补贴。

四、始终绷紧粮食安全这根弦

推动经济社会平稳健康发展，必须着眼国家重大战略需要，稳住农业基本盘，确保农业稳产增产，牢牢守住国家粮食安全底线，以国内供给的稳定性应对国际环境的不稳定性不确定性。

（一）坚持最严格的耕地保护制度，强化耕地数量保护和质量提升

一是采取“长牙齿”的硬措施，落实最严格的耕地保护制度，严守18亿亩耕地红线，遏制耕地“非农化”、防止“非粮化”，规范耕地占补平衡，严禁占优补劣、占水田补旱地。二是实施高标准农田建设工程，因地制宜推进高效节水灌溉建设，加强南方酸化耕地降酸改良治理和北方盐碱耕地压盐改良治理，支持已建高标准农田改造提升，真正实现旱涝保收、高产稳产。三是实施黑土地保护工程，提高黑土地耕层厚度和有机质含量。四是有序推进耕地轮作休耕，实现耕地资源的休养生息和可持续发展。坚持耕地不减少、不搞非农化原则，进一步完善休耕、轮作补贴政策，建立合理轮作制度，开展大豆、小麦、玉米或水稻、油菜、小麦等作物之间的年间轮作或年内换茬，降低耕地开发利用强度，加快推广大豆玉米带状复合种植技术，努力实现经济效益、生态效益和社会效益相统一。

（二）更好地发挥科技在农业发展中的支撑作用，提升农业质量效益

一是以建立全球领先的农业科技为目标，完善以市场需求为导向的农业科技研发和应用转化机制，加强专业化、市场化的第三方科技服务机构供给，健全农业科技成果转化和交易平台，解决成果转化“最后一公里”问题。二是加大政府对农业基础性、战略性、前沿性研究领域的投入力度，加强重大共性关键技术和产品研发与应用示范，聚焦耕地质量、智慧农业、农业机械设备、绿色农业投入品等关键领域，加快研发与创新一批关键核心技术及产品，完善以市场需求为导向的农业科技研发机制，提升涉农企业特别是龙头企业的科技研发能力，建立城乡一体化农业知识产权交易市场，缩短技术转化应用和产业化链条。三是健全农作物全程机械化生产体系，加快推进品种、栽培、装备集成配套，推进粮食作物育、耕、种、管、收、运、贮等薄弱环节先进农机装备研制，加快研发制造适合丘陵山区农业生产的高效专用农机，创新农机服务和农技推广服务模式，推进农业机械化全程全面发展。四是更好地发挥科技和数据等要素在现代农业发展中的关键作用，推动农业向机械化、科技化、智能化方向发展，有效落实藏粮于地、藏粮于技战略，顺应消费升级趋势，提升农产品品质。

（三）提升粮食种植收益，调动农民种粮积极性

一是高质量发展粮食适度规模经营，进一步完善土地流转机制，研究符合本地区实际的规模经营标准，匹配适宜的现代化农机装备，兼顾提高土地生产率、劳动生产率和资产生产率。二是健全农民种粮收益保障机制，完善政策性农业保险，进一步丰富险种、扩大覆盖面、适当提高赔付标准，实现三大粮食作物完全成本保险和种植收入保险在主产省产粮大县全覆盖，加大

产粮大县奖励力度，创新粮食产销区合作机制。三是培育壮大新型农业经营主体，实施家庭农场培育计划，把农业规模经营户培育成有活力的家庭农场，提升农民合作社规范水平，支持农民合作社联合社加快发展，推动新型农业经营主体与小农户建立利益联结机制，推行保底分红、股份合作、利润返还等方式。

（四）全面实施种业振兴行动方案，加强农业良种技术攻关

一是全面实施种业振兴行动方案，推进种业领域国家重大创新平台建设，围绕重点农作物品种，启动实施农业种源关键核心技术攻关，贯彻落实种子法，强化种业知识产权保护，培育具有国际竞争力的种业龙头企业。二是加强种质资源保护，摸清资源家底，抢救性收集珍稀、濒危、特有资源与特色地方品种，构建种质资源DNA（脱氧核糖核酸）分子指纹图谱库、特征库和农业种质资源数据库。三是健全种业服务体系。全面提升售后服务水平，对播种、发芽、抗虫、产量等方面进行全程跟踪和数据采集，鼓励龙头企业对内加强行业整合，对外加快海外并购步伐。

第三章
持续提升质量型安全保障能力

民以食为天，食以安为先。随着人们生活水平不断提升，消费升级步伐不断地加快，农产品质量安全和食品安全越来越成为人民群众最关心的民生问题之一。习近平总书记一直以来都非常重视食品安全问题，“能不能在食品安全上给老百姓一个满意的交代，是对我们执政能力的重大考验”。与选择其他商品买或者不买不同，粮食是每个人最基本的消费品，没有选择余地，是社会发展最重要的物质基础，具有较强的社会属性。一方面，消费升级最直接的体现就是居民对粮食品质和食品安全重视程度的不断提升，一旦发生相关事件会引发社会广泛关注，另一方面，作为人际交往的一种常见形式，饮食也具有较强的社交功能。特别是近年来，城乡居民食物消费结构不断升级，我们在保障数量供给的同时，也要保质量保多样，这就对市场监管也提出了新的更高要求。作为典型的社会性监管，农产品质量安全和食品安全监管应进一步建立健全法律法规体系，明确相关各方责任，构建覆盖全程的信息管理体系，从源头上稳步提升农产品质量安全和食品安全。

一、居民对农产品质量安全和食品安全的关注度越来越高

（一）随着经济社会的发展和生活水平的提高，农产品质量安全和食品安全越来越受居民关注

我国人均GDP已超过1万美元，即将进入高收入国家行列，已经从生存型社会向发展型社会转变，居民对食品及作为食品原材料的农产品质量安全诉求越发强烈，对保障居民生活水平与维护社会稳定工作提出了更高要求。特别是21世纪以来，我国进入了食品安全事故和食源性疾病频发高发期，日趋复杂的市场结构、利益格局、体制机制等问题交织叠加，给保障民众健康安全的市场监管工作带来较大挑战。

（二）针对出现的各种农产品质量安全和食品安全问题，相关法律法规不断修订完善

1995年，我国颁布《中华人民共和国食品卫生法》，主要关注食品外在的东西，即是否卫生干净。2009年出台了《中华人民共和国食品安全法》，更加关注食品被食用后可能产生的危害。

近年来，我国根据实际情况，较为密集地出台或修订了大量农产品质量安全和食品安全监管方面的法律法规。修订了《中华人民共和国食品安全法》和《中华人民共和国农产品质量安全法》，强化预防为主，增加风险监测计划调整、监测行为规范、监测结果通报等规定，增设生产经营者自查制度和责任约谈制度，提出实施风险分级管理的要求。2021年，我国再次修正了《中华人民共和国食品安全法》，完善了统一权威的食品安全监管机构，建立了更严格的全过程的监管制度，更加突出预防为主、风险防范和对特殊食品的监

管，加强对农药的管理等。此外，2020年出台了《中华人民共和国生物安全法》，2021年出台了《中华人民共和国反食品浪费法》，2021年修订了《进出口食品安全管理办法》等，进一步从法律法规层面为保障农产品质量安全和食品安全创造了良好条件。

专栏3-1

修订的《中华人民共和国食品安全法》亮点众多

《中华人民共和国食品安全法》于2009年2月颁布施行，推动我国食品安全工作取得积极进展，食品安全形势总体稳中向好，但重大食品安全事件仍时有发生，深层次矛盾和问题尚未得到根本解决。因此，该法于2015年4月进行了修订，又于2018年12月和2021年4月进行了两次修正。例如，针对近年兴起的网上销售食品、微信朋友圈销售食品等新情况，为保障消费者在网上购买食品、餐饮消费时，确保饮食健康安全，新版《中华人民共和国食品安全法》规定，网络食品交易第三方平台提供者应当对入网食品经营者进行实名登记，明确其食品安全管理责任；依法应当取得许可证的，还应当审查其许可证。再如，面对社会各界关心的国内婴幼儿食品安全等问题，新版《中华人民共和国食品安全法》规定，婴幼儿配方乳粉的产品配方应当经国务院食品安全监督管理部门注册，注册时，应当提交配方研发报告和其他表明配方科学性、安全性的材料。并且，婴幼儿配方食品生产企业应当实施从原料进厂到成品出厂的全过程质量控制，对出厂的婴幼儿配方食品实施逐批检验，保证食品安全。

（三）相关机构改革持续推进，体制机制不断优化

改革开放之初，我国并没有现代意义上的市场监管部门，只有相关行业管理部门。1982年，工商行政管理总局更名为国家工商行政管理局，2001年组建国家质量监督检验检疫总局，2003年组建国家食品药品监督管理局，2010年成立国务院食品安全委员会。

党的十八大以来，我国进一步加快监管体制改革步伐。2013年，国家食品药品监督管理局提级为总局，所有食品药品领域的安全监管职责悉数划归该部门。2014年6月国务院发布《关于促进市场公平竞争维护市场正常秩序的若干意见》，提出强化市场行为监管、创新监管方式、强化风险管理、保护消费者合法权益，从而提升政府现代监管能力。2018年，根据党的十九届三中全会《中共中央关于深化党和国家机构改革的决定》和《深化党和国家机构改革方案》，我国统筹配置监管职能和执法资源，组建了综合性市场监管部门，即国家市场监督管理总局。该机构作为国务院直属机构，综合了经济性监管与社会性监管职责，合并了国家质量监督检验检疫总局、国家食品药品监督管理局职能，是一个“大部门”或者“超级部”，有利于进一步完善执法程序，严格执法责任，减少执法层级，整合执法队伍，集中行政处罚权，推动执法力量下沉，形成市场监管合力，解决了社会性市场监管政出多门、执法队伍各自为战的问题，降低了监管成本及监管不当带来的制度性交易成本，将碎片化、分散式、强干预的传统监管模式转变为集中统一的现代监管模式。

二、农产品质量安全和食品安全监管属于典型的社会性监管

（一）市场监管理论的形成与发展

现代监管理论一般将监管分成经济性监管和社会性监管。经济性监管是指在自然垄断（有线通信、电力、铁路运输、自来水和管道燃气供应等）和存在信息不对称（金融业等）的领域，为了防止发生资源配置低效率和确保利用者的公平利用，政府机关利用法律权限，通过许可和认可等手段，对企业的进入和退出、价格、服务的数量和质量、投资、财务会计等有关行为加以监管。社会性监管又称“健康、安全和环境监管”，指除了经济性监管理由之外的，围绕如何达到健康、安全、环保社会目标的跨行业、全范围监管（表3-1）。从发达国家市场监管的发展历程看，首先是从经济性监管特别是反垄断与反不正当竞争领域开始的，后经过“放松监管”运动，在缩小经济性监管范围的同时，逐步扩大社会性监管的工作领域，不断提升监管的力度和科学性。

表3-1　市场监管的分类比较

监管类别	监管领域	被监管对象	理论依据
经济性	垄断行业	自然垄断（电力、铁路运输等）	成本劣加性
	竞争性领域	各类垄断行为	排除或限制竞争
	金融业	金融交易	系统性风险、信息不对称
社会性	涉及安全、健康、环保等领域	食品药品	信息不对称、外部性、内部性
		环境保护	
		安全生产	

发达国家市场监管的实践始于反垄断与反不正当竞争领域，逐步形成了以法律制度为核心的较为成熟的经济性市场监管体系。之后，为有效解决市场失灵、外部性、信息不对称等问题，发达国家将经济性监管的覆盖范围延伸到自然垄断领域以外的许多竞争性行业，相关规定和程序也日趋复杂。社会性监管虽开始较早，但当时受重视程度不高，直到发达国家在实践中发现过度的经济性监管存在一系列问题，开始逐步放松规制时，社会性监管才在同时加强，并取得较快发展。目前，发达国家的监管改革仍在继续，但已经基本形成了较为完善成熟的市场监管体系。

（二）保障农产品质量安全和食品安全需要社会性监管

在规制经济学研究框架中，农产品质量安全和食品安全监管被认为是一种典型的社会性监管。政府能否较好地解决市场失灵、外部性、信息不对称等带来的健康、职业安全和环境等社会问题，是国际社会衡量政府治理能力的重要指标。我国也不例外，农产品质量安全和食品安全监管作为国家治理现代化的重要内容与题中应有之义，是社会性监管的重要组成部分。

市场监管理论认为，信息不对称、负外部性问题、产权不明等是政府加强社会性监管的主要原因。信息不对称指的是经济社会活动中的利益主体对信息掌握程度不对等，信息占优者借此获取额外收益，信息不占优者可能遭受损失。在农产品质量安全和食品安全方面，居民对于所购买的农产品和食品的生产、加工、存储、运输等过程均不了解，处于相对信息劣势，需要社会性监管。

负外部性问题指的是某经济主体行为使他人或社会公众利益受损，而行为主体并没有为此承担相应成本。负外部性问题扭曲了市场主体成本与收益关系，直接导致市场低效甚至失灵。污染土壤、地下水和滥用农药化肥等行为具有明显的负外部性，这些行为可能导致农产品被土壤、水、种料、饲料等源头污染，不安全风险沿着整个链条传导，进而对食品安全构成重大隐患，需要社会性监管。

农产品和食品消费具有明显的竞争性和排他性，是典型的私人产品，但农产品质量安全和食品安全却具有公共产品属性。许多居民对于实现农产品质量安全和食品安全有较强意愿，但却不愿个人采取行动，为了克服这种"集体行动的困境"，解决公共治理领域存在的"搭便车"现象，需要社会性监管。

三、加强农产品质量安全和食品安全监管的国际经验

英国《经济学人》发布了2021年《全球食品安全指数报告》，从食品可负担性、可供应度、质量和安全、自然资源和复原力等4个维度、58项指标，评估了113个国家的食品安全状况。其中，爱尔兰再次位居榜首，奥地利、英国、芬兰、瑞士、荷兰、加拿大、日本、法国和美国分列第2至10位，我国排名全球第34位，比2017年上升8位。总体而言，大部分发达国家经过数十年的努力，形成了一套较为有效的农产品质量安全和食品安全监管框架和政策体系，值得我们参考借鉴。

（一）建立健全法律框架和规范体系

无论是西方发达国家还是亚洲赶超型国家，食品安全监管工作的发展都是源于问题、始于立法。只有通过新增法规或修订原有法规的办法来完善本国的市场监管法治框架，依法进行的市场监管建设工作才具有根本性、稳定性和长期性。

美国政府早期在食品安全监管领域没有成文法典，主要通过私人诉讼方式，根据判例来调解企业侵犯消费者利益的问题。到了20世纪70年代，各州食品安全事件屡屡发生，迫于现实需要，联邦立法机构逐步接受美国食品药

品监督管理局（FDA）在实践中形成的执法原则、主要依据、办理流程等，并基于此发布了一系列单行法规，以修订原有法案和判例集。目前，已形成了包括农产品法、种子法、饲料法、农药法、动物健康法、肉与肉制品检验法等在内的一系列相关法律法规，并且执行力较强。

欧洲国家自20世纪80年代以来，着手实施共同农业政策，逐步从保障农产品供应的数量安全转向全面保障农产品供应的质量安全，并以此作为提高欧盟农产品国际市场竞争力的重要支撑。1997年发布的食品法律绿皮书，建立了欧盟食品安全法规体系基本框架，2000年发布的白皮书进一步明确了发展目标，确认了84项行动，提出要颁布新的食品法案等。基于此，欧盟于2002年颁布《通用食品法》，明确了食品安全监管的目标范围、基本原则、责任主体、组织结构、运行方式、资金来源、应急措施等方面，又被称为“大食品安全法”。

日本政府于1947年制定了《食品卫生法》，从公共卫生角度对食品安全问题进行规范，并根据在实践中出现的相关问题和重大食品安全事件，进行了多次修订，成为其在食品安全监管领域最重要最基本的法律。21世纪初，由于出现原产地标识伪造、未经许可的添加剂滥用等问题，日本政府于2003年出台了《食品安全基本法》，明确了政府、企业、公共团体、消费者等利益相关方在食品安全监管方面的责任和义务。《食品卫生法》和《食品安全基本法》成为日本食品安全监管的两部关键法律[①]，以此为基础，日本政府还出台了《农药取缔法》《饮食业营业取缔法》等数十项法律法规，逐步健全了食品安全的法律框架和规范体系。

（二）设置较为合理的监管机构

食品安全市场监管机构和执法体系是政府履行市场监管职能的有效载体，

① 贺彩虹，卢萱. 日本食品安全监管体系及其对我国的启示［J］. 中国管理信息化，2021，24（5）：195-199.

合理的机构设置将会有效降低监管成本，大幅提高监管效率。

设置高级别的独立监管机构。美国政府于1998年成立总统食品安全委员会，成员包括农业部、卫生与公众服务部、管理与预算办公室、环保局等负责人，以建构无缝隙的基于科学的食品安全体系。欧盟于2000年成立欧洲食品安全局，负责组织专家队伍向欧盟委员会、欧洲议会和欧盟成员国等决策机构和国家，就食品安全的各个环节和全过程可能存在的风险，提供科学独立的评估建议。日本政府于2003年成立直属内阁的食品安全委员会，负责对监管和执法机构进行政策指导和监督，对食品安全状况进行客观评估，对突发食品安全事件进行紧急应对，并加强与公众的信息沟通。

采用“大部制”模式，在人员和预算等方面给予明显倾斜。德国政府于2001年组建消费者保护、食品和农业部，主要负责食品安全监管，总人数超过2 000人，财政支出占联邦总预算的约4%。加拿大政府于1997年将农业与农产品部、渔业与海洋部、工业部、卫生部等相关部门合并，成立新的食品检验局（CFIA），将全国所有区域的食品安全检查系统纳入统一监管体系。

（三）建立有效的科学决策机制

形成监管咨询文化，完善专家咨询网络。几乎所有发达国家的监管机构都形成了自身的咨询文化，并建立相关专家咨询网络。而作为专家，如果能够成为咨询委员会的一员，也是对其专业能力的一种肯定，专家们很乐于参与其中，从而提升食品安全监管体系的效能。美国食品药品监督管理局自20世纪60年代以来，逐步构建了一个庞大的专家咨询委员会体系，为其监管的合法化和民众支持度提供了重要支撑。日本在地方普遍设立各种审议会，邀请食品安全领域专家和利益团体代表广泛参与各种讨论会和听证会，非政府团体及市民等可自愿参加。

形成多元参与的决策机制。美国政府经常召集食品安全相关利益方集中讨论和公开辩论，以确定是否出台相关政策。如，美国政府经常组织食品安全专家委员会委员、餐饮协会代表、食品加工产业协会代表等利益相关方召开听证会，以平衡消费者和生产者的利益关系，提高各方对监管政策的接受度。日本食品安全委员会下设独立的食品安全监督员，每年改选一半委员，面向全国的非国会议员、公务员和地方公法团成员进行公开选聘，要求能够按时参加监督会议并具备相关专业知识。通过监督员及时发现并反馈给各地食品安全相关问题，加强与民众的沟通互动。

（四）形成覆盖全过程的监管流程

推行全过程可追溯的监管机制。食品安全是关乎居民切身利益的民生大事。因此，发达国家农产品质量安全和食品安全的监管方式，已逐步由事后被动处置转变为事前主动防范预警、事中积极控制事态、事后快速处置与源头追溯制度相结合的全过程动态监管。其中，源头追溯制度已广泛应用于饲料、农产品、化学原料、包装辅料、生产器具等相关领域，逐步形成了“从农田到餐桌”的食品安全全过程可追溯质量保证体系。特别是随着科技的发展，通过条码、编码、特有ID标签等，建立一一对应的电子信息可追溯标识，并通过对生产、加工、流通等各个环节的全程跟踪，形成全过程可追溯体系。例如，近年来，德国市场上销售的所有鸡蛋都设有独立编码，通过编码不但可以查出母鸡的饲养模式和鸡蛋的种类，还能够精确追溯到哪个国家、哪个地区、哪个养鸡场、哪个鸡笼的哪只母鸡产的。

建立风险评估与预警机制。20世纪70年代，美国率先建立食品安全风险防控机制，形成危害分析和关键控制点（HACCP）体系，主要针对食品中微生物、化学和物理危害进行预防性控制，并替代原有食品生产质量管理规范，监管的重点也转变为制定并执行HACCP计划。HACCP既有助于节省烦琐的现场抽检成本，又能通过对加工过程监视和控制，降低危害发生的概率，从而有效提高政府监管效能。欧盟成员国普遍引入HACCP体系，除此之外还建立了针对农药、化肥、兽药产品等废弃物的存储、处理和处置过程中污染控制措施。例如，欧盟建立了食品和饲料快速预警系统（RASFF），对各成员国内部出现的食品安全问题，以及由于饲料原料来源与加工等环节形成的食品安全潜在风险问题，第一时间上报欧盟食品委员会，委员会在初步判断后可及时通报各成员国，并借助信息技术联网查找食品流向以便快速召回，“抢”在消费者之前发现并处置，从而降低消费风险。

健全应急处置和责任追究机制。确保农产品质量安全和食品安全的最有效措施，就是对各个环节涉及的所有机构和人员都明确并落实具体责任。政府监管机构、行业协会、种植养殖者、生产加工者、存储运输者、销售经营者、检验检测和评估机构、消费者、专家委员会相关专家、新闻媒体等都是利益相关方，都应在食品安全监管过程中承担相应责任。许多国家特别强调生产经营企业是第一责任人，在食品安全事件发生后，往往会要求食品经营企业先行垫付消费者损失，之后根据责任认定结果，再由食品经营企业向种植生产者、原料或设备供应商、存储运输企业等进行追缴赔偿。许多大中型农产品和食品生产加工企业需向社会公布企业社会责任情况，包括企业在安全事件防范、健康保护、生态环境改善等方面的工作和捐赠等。

四、完善农产品质量安全和食品安全监管体系　持续提升质量型安全保障能力

（一）建立健全食品安全监管法律法规体系

一是进一步完善法治机构与监管部门之间的立法反馈与沟通机制，及时掌握监管部门立法需求，按照条件成熟、突出重点、统筹兼顾原则，将监管

机构行之有效的做法与措施及时列入立法计划，实现立法与行政执法实践之间的顺畅衔接。建立健全包括饲料、原料、加工、储藏、运输、消费等环节在内的食品安全法规体系，形成从田头到餐桌的综合治理规范。

二是加强行政执法与司法衔接，形成预防和打击违法犯罪的合力。建立工作信息平台，实现执法、司法信息互联互通，完善信息共享范围、录入时限和责任追究制度。建立涉嫌犯罪案件的移送和监督机制，提高透明度。坚决纠正有案不移、有罪不罚、以罚代刑等问题。

三是加大普法和规范执法工作力度，着力提升种植养殖者、加工者、食品生产经营者等对相关法律规范的认识程度，提升各级执法人员特别是基层执法人员的法律意识与执法水平。在基层适当增设食品安全风险监测网点，合理扩大监测范围、指标与样本数量。进一步整合各类食品安全检验检测资源，完善技术支撑体系，完善延伸到县乡的安全风险监测网络。强化全过程快速检测技术平台和能力建设，为一线监管人员配备现场取证和快检设备，为执法人员开展日常监管提供快速筛查的技术支撑。

（二）明确食品安全监管的各方责任

一是建立销售者先行赔付制度，明确食品生产经营者是食品质量安全的首要责任人。推进产品质量责任保险制度，提升销售者赔付能力，建立惩罚性赔偿制度，推进缺陷产品召回制度，对不合格产品和经营中的欺诈行为依法予以公布，支持消费者退货及惩罚性赔偿要求，促进经营者在产品质量责任诉讼前主动承担赔偿责任。

二是鼓励协会、专家、社团组织、媒体、民众等，积极参与食品安全监管活动。在修订食品安全监管法律法规时应当明确，若安全标准、监管程序涉及公众利益，应有民众作为代表参与审议，充分保障广大民众的知情权与切身利益，健全相应的救济救助机制。完善专家咨询论证和集体审议机制，落实统一审查和统一发布工作。同时，将产地安全与农民增收统筹起来，建立有利于激发首要安全责任主体的安全意识和主动保障安全责任性机制。

三是引导企业主动披露社会责任信息，完善公共安全监督员制度。以多种方式推动企业相关的社会责任信息披露，引导上市企业编制并公布年度社会责任报告（又称社会资产负债表），将消费者保护、食品安全、绿色健康等内容纳入上市公司社会责任信息披露的范围。在企业外部，由监管机构公开选聘具备专业知识的资深人士或社团代表，定期参加现场抽查、安全监督会议并反馈民众关心的食品安全问题。在企业内部，指定质量安全监督员，对原材料入厂、生产加工现场和排污环节实时监督，条件允许时，监管机构对据实举报者予以重奖。

（三）构建覆盖全程的信息管理体系

一是建设质量安全标准公共信息服务平台。加强部门间数据资源共享整合，为社会各界提供准确、及时、权威、全面的质量安全标准信息，建设重点领域重点品种追溯系统试点，完善全过程信息化可追溯体系建设。

二是加强部门之间的协调与信息共享。加强国家市场监督管理总局与农业农村部等相关部门的协调衔接，健全完善关键点监管信息共享，提升农产品质量安全和食品安全监管的一致性与协调性。将源头控制与过程控制结合起来，提高农产品生产和流通的组织化网络化程度，将各类农产品质量安全及产地安全纳入食品安全全过程可追溯监管体系之中。

三是进一步整合涉及农产品质量安全和食品安全标准的检验、检测、认证等机构职能，推进检验、检测、认证服务更加市场化社会化，促进第三方检验检测技术服务机构公平竞争。建立由独立的第三方机构开展的政府监管绩效考核机制，设置监管“高压线”，细化并加大对失职的地方政府负责人的追责力度。

（四）从源头上稳步提升农产品质量

一是加强农业面源污染防治。深入开展测土配方施肥，持续优化肥料投入品结构，积极稳妥推进高毒高风险农药淘汰，因地制宜集成应用病虫害绿色防控技术，实现化肥农药减量增效。提升秸秆能源化、饲料化利用能力，持续开展畜禽粪污资源化利用，推进农药肥料包装废弃物回收利用，促进循环利用农业废弃物。加强污染耕地治理，实施耕地土壤环境质量分类管理，深入实施耕地重金属污染防治联合攻关，巩固提升受污染耕地安全利用水平。

二是建立健全农业高质量发展标准体系，建立健全粮食安全、产地环境、农业投入品、农药残留等标准，强化农产品营养品质评价和分等分级。加快推进现代农业全产业链标准化建设，加强绿色食品、有机农产品、地理标志农产品认证和管理，建立健全农业品牌监管机制。

三是以高质量发展和绿色生态为导向，强化构建新型农业补贴政策体系。调整优化“绿箱”“黄箱”“蓝箱”支持政策，提高农业补贴政策精准性、稳定性和时效性。进一步发挥好农业保险在保障农民收入、提高农产品品质中的重要作用。

第四章
在开放合作中全面推进能力型安全建设

民为国基，谷为民命。粮食安全是国家安全的重要基础，是“国之大者”。习近平总书记多次强调，“粮食多一点少一点是战术问题，粮食安全是战略问题”“不能把粮食当成一般商品，光算经济账、不算政治账，光算眼前账、不算长远账”“不能认为进入工业化，吃饭问题就可有可无，也不要指望依靠国际市场来解决”。特别是受新冠肺炎疫情、极端天气、货币宽松政策、乌克兰危机等多重因素影响，近年来国际粮价涨至历史高位，粮食贸易保护主义有所抬头，区域不平衡问题进一步凸显，全球粮食安全形势趋于严峻。随着农业开放水平不断提升，我国面临着粮食进口费用增加、国内种粮成本抬升、种植结构调整受到影响等挑战。应坚持藏粮于地、藏粮于技战略，落实最严格的耕地保护制度，强化现代农业科技支撑，提高粮食种植收益，在牢牢把住粮食安全主动权的同时，不断增强在国际粮食市场的话语权和影响力。

一、我国农业开放水平不断提高

（一）认真履行加入世界贸易组织承诺

我国认真履行加入世界贸易组织时的承诺，主动分享国内粮食市场资源。

除对小麦、玉米和大米实施进口关税配额管理外，大幅削减其他粮食品种进口关税，取消其他相关农产品的进口配额和许可证等非关税措施。同时，持续扩大农业领域外商投资准入范围，取消农产品收购、批发的外商投资准入限制，除中国稀有和特有的珍贵优良品种、转基因品种外，将外商投资种业的限制范围缩减至小麦和玉米须有中方持一定比例股份①。

（二）推动国际粮食贸易繁荣发展

我国积极参与全球粮食贸易，促进国际粮食贸易繁荣。2021年，我国农产品进出口额达到3 041.7亿美元，首次站上3 000亿美元台阶，是2010年的2.49倍。其中，出口843.5亿美元，进口2 198.2亿美元（图4-1）。我

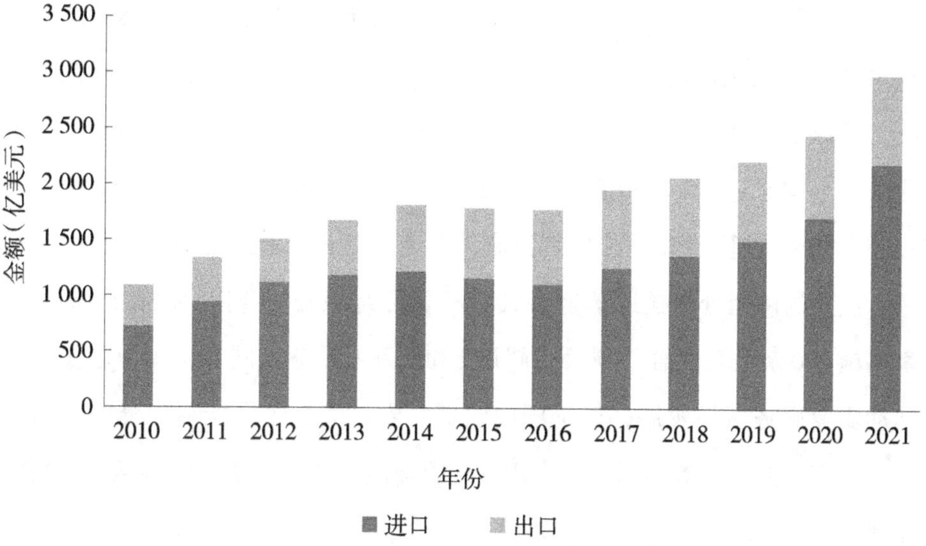

图4-1　2010—2021年我国农产品进出口金额变化情况

（资料来源：海关总署）

① 《外商投资准入特别管理措施（负面清单）（2021年版）》规定，小麦新品种选育和种子生产的中方股比不低于34%、玉米新品种选育和种子生产须由中方控股。

国稳居全球第二大农产品贸易国和第一大进口国，是大豆、油菜籽、棉花、猪肉等大宗农产品的全球最大买家。特别是在近两年粮食贸易保护主义盛行、多国限制农产品贸易的大环境下，我国坚定不移推进高水平对外开放，以更加开放的姿态促进全球粮食贸易。在2021年11月召开的第四届中国国际进口博览会上，国内粮食企业与国外粮农企业签订粮食进口大单，许多国家和地区因此受益，也促进了全球粮食供应链产业链稳定，为保障世界粮食安全作出贡献。同时，我国近年来大力发展农业服务贸易，力求通过提供专业化的服务支持，实现高新技术“进村入地”，探索解决全球农业“缺人”等问题。

（三）持续深化国际合作

我国主动分享粮食安全资源和经验，助力更多国家实现减贫惠农。截至2021年底，我国已向70多个国家和地区派出2 000多名农业专家和技术人员，培训近10万名农户。在作物生产、畜牧养殖、农产品加工等领域，中国向多个国家进行1 500多项技术推广和示范，带动项目区粮食平均增产40%～70%，超过150万户农村家庭从中受益。积极推进南南合作和南北对话，设立的南南合作援助基金与10多个国际组织密切合作，已在50多个国家实施100余个发展合作项目，超过2 000万人受益。同时，我国正在积极推动农业服务贸易发展，鼓励国内农资、农机等优势产能和配套技术输出到“一带一路”发展中国家，提高当地农业生产能力，实现优势互补、共同发展。

（四）积极参与世界粮食安全治理

我国积极响应和参与联合国粮农组织、世界粮食计划署等涉粮国际组织的倡议和活动，坚持多边主义，强调政策协调，发起或主办世界农业展望大会、二十国集团农业部长会议、第二届亚太经合组织农业与粮食部长会议等重要国际会议，促进各国在粮食安全治理方面形成共识。同时，针对当前全球饥饿人口不降反升，一些国家因疫返贫、因疫生乱等问题，呼吁凝聚国际减贫合力，共同推进联合国2030年可持续发展议程。此外，我国积极为广大发展中国家提供力所能及的支持和紧急粮食援助，携手国际社会共同应对粮食安全挑战。

二、全球粮食安全风险上升

当前，百年变局和世纪疫情叠加交织，乌克兰危机对全球粮食产业链供应链形成较大冲击，全球粮食面临减产风险，粮食贸易面临更大挑战，实现2030年全球“零饥饿”目标愈发困难，全球粮食安全风险明显上升。

（一）国际粮价涨至历史高位，全球粮食面临减产风险

2020年四季度以来，受新冠肺炎疫情、货币宽松政策、乌克兰危机等因素影响，国际粮价持续震荡上行。从价格指数看，联合国粮农组织发布的食品价格指数，由2020年9月的97.9，上涨至2021年12月的133.7，2022年3月进一步达到159.3的历史新高，2022年5月虽略降至157.4，但仍处于历史高位。而全球谷物价格指数则仍处于长涨态势，从2021年1月的124.2飙升至2022年5月的173.4（图4-2）。从期货市场看，芝加哥期货交易所的小麦、玉米等农产品期货价格，2022年高点价格与2020年同期相比，涨幅均在160%以上（表4-1）。

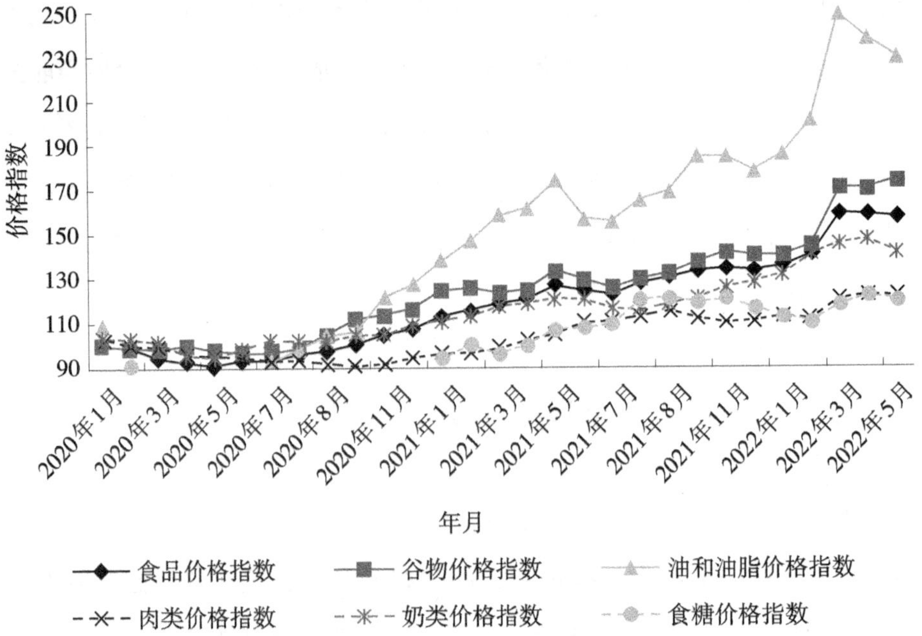

图4-2　2020年以来国际食品价格指数变化情况

（资料来源：联合国粮农组织）

表4-1　芝加哥期货交易所小麦和玉米期货价格上涨情况

品种	时间	价格（美分/蒲式耳①）	涨幅（%）
小麦	2020.6.26	474.0	169.8
	2022.5.17	1 278.8	
玉米	2020.4.30	311.5	162.7
	2022.4.29	818.3	

资料来源：Wind数据。

注：①蒲式耳为英美制容量单位（计量干散颗粒用），英制1蒲式耳合36.37升，美制1蒲式耳合35.24升。

同时，受乌克兰危机、种植成本上升、极端天气等多方面影响，联合国粮农组织在2022年6月出版的《粮食展望》中预测，2022年全球谷物产量将在连续三年增长后首次出现下降，预计比2021年减产1 600万吨，并且全球库存也将随之下降。

（二）粮食贸易保护主义有所抬头，全球粮食贸易面临更大挑战

近年来，全球谷物贸易量多年保持增长。2020年的贸易量达4.79亿吨，比2010年增长了68.2%，占当年全球谷物产量比重为17.3%。但从2021年开始，谷物贸易量出现下降，联合国粮农组织预测，2022年的贸易量将进一步降至4.63亿吨，比2020年减少约1 600万吨（图4-3）。

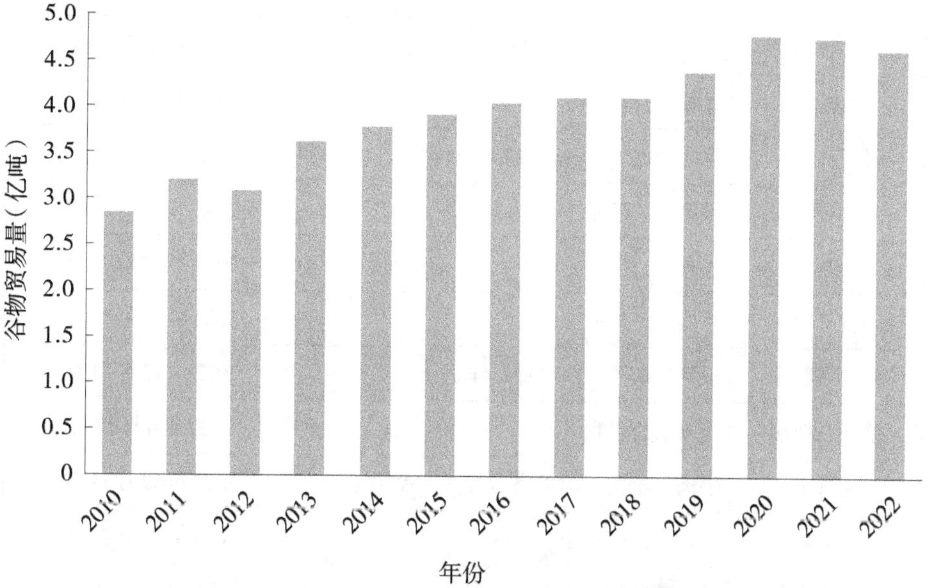

图4-3　2010年以来全球谷物贸易量变化情况

（资料来源：根据联合国粮农组织当年发布的《粮食展望》整理）

全球粮食贸易量下滑的主要原因在于粮食贸易保护主义抬头。新冠肺炎疫

情特别是乌克兰危机以来，全球粮食贸易格局被打乱，越来越多的国家出于保障国内供应、平抑国内粮价等考虑，开始限制粮食等农产品出口，粮食贸易保护主义有所抬头。除乌克兰宣布禁止出口谷物、印度禁止出口小麦、埃及禁止出口玉米等外，印度尼西亚的棕榈油、巴基斯坦的食糖等其他重要农产品也纷纷进入限制出口名单。国际粮食政策研究所发布报告显示，2022年以来，已有超过20个国家转向粮食贸易保护主义，其中限制小麦和玉米出口的国家分别达到13个和10个，按热量计算，目前被限制的食品出口量占世界贸易量的17%，已高于2008年粮食危机时的13%，不但持续推高已处于高位的国际粮食价格，还进一步加剧了全球粮食不安全形势。2022年3月以来部分国家限制食品出口情况见表4–2。

表4–2　2022年3月以来部分国家限制食品出口情况

国家	食品类型	禁令拟结束日期
阿根廷	豆油、豆粕	2023年12月31日
阿尔及利亚	意大利面、小麦衍生物、植物油、糖	2022年12月31日
埃及	植物油、玉米	2022年6月12日
印度	小麦	2022年12月31日
印度尼西亚	棕榈油、棕榈仁油	2022年12月31日
伊朗	土豆、茄子、西红柿、洋葱	2022年12月31日
哈萨克斯坦	小麦、小麦粉	2022年6月15日
土耳其	牛肉、羊肉、山羊肉、黄油、食用油	2022年12月31日
乌克兰	小麦、燕麦、小米、糖	2022年12月31日
俄罗斯	糖、葵花籽、小麦、黑麦、大麦等	2022年8月31日
塞尔维亚	小麦、玉米、面粉、油	2022年12月31日
突尼斯	水果、蔬菜	2022年12月31日
科威特	鸡肉制品、谷物、植物油	2022年12月31日

资料来源：国际粮食政策研究所报告。

（三）粮食安全的区域不平衡问题凸显，实现2030年全球"零饥饿"目标愈发困难

2000年以来，全球三大主粮产量呈总体上升态势，但区域不平衡问题越来越凸显。2020年，全球三大主粮产量达到26.8亿吨，比2000年增长了50.9%，远高于同期全球人口增长的26.7%（表4-3），全球人均粮食产量也由2000年的289.9公斤上升至2020年的345.2公斤。从总量看，全球粮食安全形势有所改善，但是，不同区域间粮食安全保障水平的差距却越来越大，问题也越来越突出。

表4-3 全球三大主粮产量和人口变化情况

年份	稻谷产量（万吨）	小麦产量（万吨）	玉米产量（万吨）	三大主粮产量合计（万吨）	人口（亿人）
2000	59 866.8	58 499.9	59 203.9	177 570.6	61.26
2001	60 024.7	58 824.4	61 515.2	180 364.3	62.03
2002	57 105.1	59 204.5	60 355.2	176 664.8	62.81
2003	58 693.2	54 997.4	64 505.5	178 196.1	63.59
2004	60 734.9	63 466.6	72 951.8	197 153.3	64.38
2005	63 422.6	62 702.1	71 419.1	197 543.8	65.18
2006	64 070.6	61 438.1	70 793.7	196 302.4	65.99
2007	65 397.0	60 659.5	79 353.2	205 409.7	66.80
2008	68 438.3	68 029.4	82 979.2	219 446.9	67.62
2009	68 026.6	68 363.9	82 082.0	218 472.5	68.45
2010	69 447.2	64 080.3	85 278.7	218 806.2	69.28
2011	71 947.0	69 689.8	88 777.1	230 413.9	70.12

续表4-3

年份	稻谷产量（万吨）	小麦产量（万吨）	玉米产量（万吨）	三大主粮产量合计（万吨）	人口（亿人）
2012	72 768.1	67 373.7	87 556.3	227 698.1	71.27
2013	73 177.0	71 016.9	101 680.2	245 874.1	72.12
2014	73 080.2	72 875.8	103 990.4	249 946.4	72.97
2015	73 195.2	74 184.5	105 271.9	252 651.6	73.81
2016	73 407.4	74 843.5	112 744.6	260 995.5	74.65
2017	74 741.0	77 229.1	113 872.4	265 842.5	75.19
2018	75 906.7	73 214.0	112 426.1	261 546.8	76.02
2019	74 919.0	76 498.1	114 136.0	265 553.1	76.83
2020	75 674.4	76 092.6	116 235.3	268 002.3	77.63

资料来源：主粮产量数据来自联合国粮农组织，人口数据来自世界银行。

亚洲和非洲的人均粮食产量虽有所增长，但与美洲和欧洲的绝对和相对差距均在持续扩大。美洲的人口2020年比2000年增长21.3%，同期三大主粮产量增长54.6%，人均产量达到724.9公斤，为各大洲最高。欧洲同期人口数量基本保持稳定，但三大主粮产量比2000年增长了近50%，人均产量超过510公斤，粮食安全保障能力得到大幅提升。亚洲人口基数大，虽然同期三大主粮产量增产46.5%，但2020年人均产量仅为303.1公斤，是欧洲人均水平的59.0%，而在2000年时，亚洲的人均产量还是欧洲的74.5%。因此，无论从绝对差距还是相对差距看，亚洲的粮食安全保障水平与欧洲和美洲的差距均在扩大。非洲的粮食安全保障水平长期以来处于较低水平，并且人口增长较快，2020年的人均产量仅为115.1公斤，只达到全球平均水平的1/3，与美洲和欧洲的差距持续扩大，粮食安全状态不容乐观（表4-4）。

表4-4　各洲人均主粮产量变化情况　　单位：公斤/人

年份	亚洲	非洲	美洲	欧洲	世界平均
2000	255.5	92.9	568.6	343.0	289.9
2001	253.3	91.5	551.6	386.0	290.8
2002	245.9	93.2	503.8	399.7	281.3
2003	245.4	97.8	579.9	321.4	280.2
2004	253.7	99.6	619.9	437.6	306.2
2005	262.9	99.6	590.4	407.4	303.1
2006	267.6	102.8	553.6	372.3	297.5
2007	272.8	92.2	646.5	358.5	307.5
2008	277.4	103.8	650.1	470.9	324.5
2009	278.1	108.3	629.7	431.8	319.2
2010	280.5	110.0	625.4	395.0	315.8
2011	292.2	111.4	613.9	460.0	328.6
2012	292.3	114.2	595.3	398.7	319.5
2013	296.1	113.4	694.9	471.5	340.9
2014	293.1	116.1	687.9	515.1	342.5
2015	301.5	111.5	678.8	492.3	342.3
2016	301.9	106.3	737.5	503.2	349.6
2017	305.9	120.0	728.0	520.7	353.6
2018	303.9	114.6	702.1	502.7	344.0
2019	301.5	113.1	709.4	540.1	345.6
2020	303.1	115.1	724.9	513.4	345.2

资料来源：根据联合国粮农组织公布的粮食产量数据和世界银行公布的人口数据计算得出。

从全球粮食贸易格局看，美洲和欧洲是全球主要的粮食净出口地区，亚洲和非洲是主要粮食净进口地区。几十年来，美洲一直是全球最大的粮食出口地区。2020年，美洲三大主粮出口规模达到近2亿吨，约占全球主粮出口总量的45%，其中，玉米出口规模达1.27亿吨，是全球最主要的玉米出口地区，三大主粮的净出口规模也达到1.27亿吨（表4–5）。欧洲随着粮食产量的快速增长，从21世纪初的基本进出口平衡状态，到如今成为重要的粮食出口地区。2020年，欧洲三大主粮出口规模为1.78亿吨，其中，小麦出口规模达到1.17亿吨，是全球最主要的小麦出口地区，三大主粮的净出口规模接近1亿吨（表4–6）。亚洲虽然多年来是全球稻谷的净出口地区，但同时进口大量的小麦和玉米，总体上仍为主粮净进口地区。2020年，亚洲进口小麦和玉米的规模均超过8000万吨，三大主粮的净进口规模达到1.41亿吨，是全球最大的粮食净进口地区（表4–7）。非洲粮食出口量很低，三大主粮均呈净进口状态，并且净进口规模总体增长较快，2020年，主粮净进口量为8037.1万吨，是2000年的2.15倍，显示出其粮食供给越来越依赖进口的态势（表4–8）。

表4–5　美洲粮食贸易情况　　单位：万吨

年份	稻谷		小麦		玉米		合计	
	出口量	进口量	出口量	进口量	出口量	进口量	出口量	进口量
2000	423.3	296.1	5 826.9	1 995.5	5 947.8	1 764.9	12 198.0	4 056.5
2001	415.1	331.3	5 484.0	2 069.8	6 540.4	1 862.2	12 439.5	4 263.3
2002	439.9	319.9	4 599.3	1 940.1	6 053.4	1 884.7	11 092.6	4 144.7
2003	480.5	381.6	4 414.8	1 899.0	6 014.7	1 920.7	10 910.0	4 201.3
2004	421.4	382.0	5 868.2	1 731.1	6 532.4	1 697.9	12 822.0	3 811.0

续表4-5

年份	稻谷		小麦		玉米		合计	
	出口量	进口量	出口量	进口量	出口量	进口量	出口量	进口量
2005	547.3	375.9	5 279.2	1 807.7	6 201.7	1 853.6	12 028.2	4 037.2
2006	524.1	408.7	5 311.4	2 043.6	7 469.0	2 271.0	13 304.5	4 723.3
2007	481.2	417.0	6 120.5	2 112.7	8 604.1	2 480.3	15 205.8	5 010.0
2008	532.3	414.5	5 771.9	2 056.2	7 806.9	2 553.2	14 111.1	5 023.9
2009	556.4	418.3	4 980.8	1 955.1	6 671.9	2 262.2	12 209.1	4 635.6
2010	585.2	432.8	5 430.2	2 153.9	8 244.7	2 357.0	14 260.1	4 943.7
2011	651.4	435.4	6 244.1	2 126.5	7 403.7	2 451.6	14 299.2	5 013.5
2012	653.8	461.7	6 123.5	2 330.0	7 353.3	2 634.1	14 130.6	5 425.8
2013	621.5	507.1	5 862.9	2 458.7	7 649.8	2 627.3	14 134.2	5 593.1
2014	615.0	481.6	5 471.0	2 438.1	9 098.0	2 749.7	15 184.0	5 669.4
2015	581.1	498.1	5 339.3	2 196.8	9 510.6	3 135.2	15 431.0	5 830.1
2016	631.1	546.9	5 765.7	2 432.7	10 803.2	3 649.1	17 200.0	6 628.7
2017	612.6	581.7	6 363.8	2 571.5	11 124.2	3 666.6	18 100.6	6 819.8
2018	612.3	566.4	5 858.7	2 522.7	12 137.0	3 960.7	18 608.0	7 049.8
2019	644.5	611.6	6 240.3	2 406.0	12 546.1	4 299.4	19 430.9	7 317.0
2020	691.3	658.4	6 392.3	2 267.8	12 677.5	4 117.0	19 761.1	7 043.2

资料来源：根据联合国粮农组织数据计算整理。

表4-6 欧洲粮食贸易情况

单位：万吨

年份	稻谷		小麦		玉米		合计	
	出口量	进口量	出口量	进口量	出口量	进口量	出口量	进口量
2000	145.5	285.5	3 329.3	2 777.6	1 107.9	1 233.8	4 582.7	4 296.9
2001	126.1	291.1	3 502.9	2 758.2	1 051.5	1 255.1	4 680.5	4 304.4
2002	138.8	315.1	4 964.7	3 182.7	1 344.9	1 352.6	6 448.4	4 850.4
2003	144.6	321.8	4 150.7	3 143.3	1 197.3	1 406.6	5 492.6	4 871.7
2004	153.8	342.3	3 449.0	2 794.7	1 162.6	1 454.3	4 765.4	4 591.3
2005	162.9	320.6	4 979.3	3 037.7	1 656.1	1 515.3	6 798.3	4 873.6
2006	166.2	341.9	5 072.9	3 022.1	1 524.2	1 585.6	6 763.3	4 949.6
2007	166.8	345.3	4 590.4	2 943.1	1 459.9	2 468.8	6 217.1	5 757.2
2008	169.2	361.1	5 943.7	2 936.1	1 734.1	2 258.9	7 847.0	5 556.1
2009	160.9	345.8	7 785.0	3 493.7	2 695.4	1 819.1	10 641.3	5 658.6
2010	203.8	331.1	6 774.6	3 452.2	2 079.7	1 800.4	9 058.1	5 583.7
2011	203.0	357.9	6 231.1	3 227.7	2 697.1	2 128.4	9 131.2	5 714.0
2012	215.4	338.3	6 699.5	3 306.6	3 898.5	2 433.1	10 813.4	6 078.0
2013	199.1	348.5	7 357.4	3 123.7	3 830.6	2 614.4	11 387.1	6 086.6
2014	209.4	374.0	9 194.8	3 477.7	4 247.7	3 095.3	13 651.9	6 947.0
2015	202.3	398.0	9 528.1	3 658.3	4 727.5	2 877.2	14 457.9	6 933.5
2016	216.6	393.4	11 111.0	4 156.8	4 211.2	2 783.2	15 538.8	7 333.4
2017	229.5	415.4	10 580.3	4 019.9	4 478.6	3 367.0	15 288.4	7 802.3
2018	220.0	407.6	11 130.3	3 937.9	4 694.7	3 932.4	16 045.0	8 277.9
2019	224.9	437.4	10 176.1	3 561.2	54 70.6	4 285.3	15 871.6	8 283.9
2020	244.1	487.6	11 743.4	3 566.2	5 849.1	3 856.5	17 836.6	7 910.3

资料来源：根据联合国粮农组织数据计算整理。

表4-7　亚洲粮食贸易情况　　单位：万吨

年份	稻谷		小麦		玉米		合计	
	出口量	进口量	出口量	进口量	出口量	进口量	出口量	进口量
2000	1 665.7	1 135.2	767.9	4 474.6	1 086.1	4 235.0	3 519.7	9 844.8
2001	1 981.4	996.7	793.6	4 210.2	700.9	4 061.1	3 475.9	9 268.0
2002	2 071.3	1 282.9	978.0	4 275.3	1 220.7	4 265.6	4 270.0	9 823.8
2003	2 076.8	1 156.5	1 418.6	3 674.8	1 739.8	4 636.9	5 235.2	9 468.2
2004	2 208.0	1 173.6	711.5	4 688.4	485.0	4 211.9	3 404.5	10 073.9
2005	2 104.8	1 179.2	392.1	4 273.1	954.4	4 228.8	3 451.3	9 681.1
2006	2 225.0	1 255.8	758.7	4 668.7	459.1	4 539.8	3 442.8	10 464.3
2007	2 549.7	1 388.4	1 059.7	4 289.5	845.2	4 481.1	4 454.6	10 159.0
2008	2 254.9	1 400.6	550.3	4 467.3	527.1	4 372.2	3 332.3	10 240.1
2009	2 197.3	1 197.5	419.2	5 571.4	473.8	4 525.5	3 090.3	11 294.4
2010	2 428.5	1 462.7	770.4	5 186.3	379.3	5 239.7	3 578.2	11 888.7
2011	2 848.5	1 567.8	580.5	5 400.6	519.5	4 779.0	3 948.5	11 747.4
2012	3 018.8	1 555.9	1 262.4	6 563.1	552.5	5 201.2	4 833.7	13 320.2
2013	2 760.2	1 479.0	1 230.9	6 474.3	620.7	5 355.0	4 611.8	13 308.3
2014	3 478.6	1 678.3	868.1	6 659.9	545.4	6 252.8	4 892.1	14 591.0
2015	3 453.5	1 816.3	478.0	6 365.4	255.5	6 460.5	4 187.0	14 642.2
2016	3 093.1	1 532.4	504.3	7 326.8	186.5	6 441.9	3 783.9	15 301.1
2017	3 765.9	1 843.3	503.5	7 804.2	235.8	5 309.4	4 505.2	14 956.9
2018	3 671.9	1 970.5	856.7	7 371.5	232.0	7 158.6	4 760.6	16 500.6
2019	3 370.0	1 785.4	625.5	7 530.1	281.3	7 856.9	4 276.8	17 172.4
2020	3 555.2	1 760.8	656.7	8 548.1	436.7	8 406.9	4 648.6	18 715.8

资料来源：根据联合国粮农组织数据计算整理。

表4-8 非洲粮食贸易情况 单位：万吨

年份	稻谷		小麦		玉米		合计	
	出口量	进口量	出口量	进口量	出口量	进口量	出口量	进口量
2000	42.3	499.0	21.0	2 409.5	88.3	974.8	151.6	3 883.3
2001	72.0	696.7	37.3	2 179.2	83.6	1 016.2	192.9	3 892.1
2002	58.0	699.3	25.7	2 610.9	120.6	1 255.5	204.3	4 565.7
2003	66.7	818.9	22.9	2 264.9	116.7	1 002.0	206.3	4 085.8
2004	96.7	816.0	19.0	2 390.0	86.9	903.7	202.6	4 109.7
2005	119.6	873.8	4.4	2 838.6	238.1	1 212.1	362.1	4 924.5
2006	118.0	904.6	2.9	2 859.5	93.2	1 201.5	214.1	4 965.6
2007	139.6	952.5	17.6	3 052.7	93.1	1 326.6	250.3	5 331.8
2008	47.2	882.0	22.8	3 314.3	139.5	1 128.4	209.5	5 324.7
2009	102.9	914.9	11.4	3 572.5	189.1	1 410.5	303.4	5 897.9
2010	138.6	906.8	9.3	3 819.0	168.1	1 375.6	316.0	6 101.4
2011	30.6	1 140.5	13.2	4 039.4	369.4	1 472.3	413.2	6 652.2
2012	48.8	1 394.9	23.0	4 132.8	230.2	1 512.6	302.0	7 040.3
2013	85.8	1 413.7	28.4	4 035.3	309.4	1 415.3	423.6	6 864.3
2014	54.8	1 371.6	41.2	4 593.7	278.1	1 862.4	374.1	7 827.7
2015	54.0	1 302.1	36.2	4 302.7	195.6	1 936.3	285.8	7 541.1
2016	70.7	1 373.4	9.2	4 844.2	194.3	2 272.1	274.2	8 489.7
2017	81.9	1 602.5	14.2	4 936.6	309.5	2 106.1	405.6	8 645.2
2018	74.3	1 641.1	9.0	4 848.5	297.8	2 000.0	381.1	8 489.6
2019	57.5	1 632.4	15.7	4 346.2	166.3	1 934.0	239.5	7 912.6
2020	64.4	1 550.5	20.2	4 760.4	320.7	2 131.5	405.3	8 442.4

资料来源：根据联合国粮农组织数据计算整理。

粮食安全区域不平衡，导致全球减贫成果被迅速吞噬，实现2030年全球“零饥饿”目标愈发困难。联合国粮农组织、国际农业发展基金、联合国儿童基金会、世界粮食计划署和世界卫生组织联合发布的《2022年世界粮食安全和营养状况》报告显示，全球食物不足发生率在连续五年基本稳定后，从2020年开始快速上升，预计2030年达到9.8%（表4-9）。2021年全球饥饿人数为8.28亿人，较2020年增加4 600万人，比2019年增加1.5亿人。其中，亚洲和非洲的饥饿人口分别达到4.25亿人和2.78亿人，共占全球饥饿人口总数的91.5%。

表4-9　2005—2019年全球食物不足发生率　　单位：%

地区	2005年	2010年	2015年	2016年	2017年	2018年	2019年*	2030年**
世界	12.6	9.6	8.9	8.8	8.7	8.9	8.9	9.8
非洲	21.0	18.9	18.3	18.5	18.6	18.6	19.1	25.7
北部非洲	9.8	8.8	6.2	6.3	6.6	6.3	6.5	7.4
撒哈拉以南非洲	23.9	21.3	21.2	21.4	21.4	21.4	22.0	29.4
东部非洲	32.2	28.9	26.9	27.1	26.8	26.7	27.2	33.6
中部非洲	35.5	30.4	28.2	28.8	28.7	29.0	29.8	38.0
南部非洲	4.9	5.4	7.0	8.0	7.0	7.9	8.4	14.6
西部非洲	13.8	12.1	14.3	14.2	14.6	14.3	15.2	23.0
亚洲	14.4	10.1	8.8	8.5	8.2	8.4	8.3	6.6
中亚	11.0	7.7	3.0	3.0	3.0	3.0	2.7	<2.5
东亚	7.6	3.8	<2.5	<2.5	<2.5	<2.5	<2.5	<2.5
东南亚	17.3	11.7	10.5	10.0	9.8	9.8	9.8	8.7
南亚	20.6	15.4	14.4	13.8	13.1	13.8	13.4	9.5
西亚	11.8	10.4	10.7	11.1	11.1	11.2	11.2	13.1
西亚和北非	*10.9*	*9.7*	*8.6*	*8.9*	*9.0*	*8.9*	*9.0*	*10.4*

续表 4–9

地区	2005年	2010年	2015年	2016年	2017年	2018年	2019年*	2030年**
拉丁美洲及加勒比	8.7	6.7	6.2	6.7	6.8	7.3	7.4	9.5
加勒比	21.3	17.5	17.3	17.0	16.6	17.0	16.6	14.4
拉丁美洲	7.8	5.9	5.4	6.0	6.1	6.6	6.7	9.1
中美洲	8.1	7.9	7.9	8.6	8.3	8.4	9.3	12.4
南美洲	7.6	5.1	4.4	4.9	5.2	5.8	5.6	7.7
大洋洲	5.6	5.4	5.5	5.9	6.0	5.7	5.8	7.0
北美洲和欧洲	<2.5	<2.5	<2.5	<2.5	<2.5	<2.5	<2.5	<2.5

资料来源：《2020年世界粮食安全和营养状况》。

注：*为预测值，**为到2030年的预测未反映COVID–19（新型冠状病毒肺炎）疫情的潜在影响。

集中在亚洲和非洲的国家和地区，往往经济发展水平较低、国内政局不稳定、收入差距较大。面对国际粮价的快速上涨和部分国家的出口限制，这些国家和地区的民众无法获得充足食物，粮食安全形势迅速恶化，导致全球粮食安全区域不平衡问题更加凸显。

专栏 4–1

粮食安全区域不平衡问题愈发凸显

《2021年世界粮食安全和营养状况》指出：令人难以接受的是，我们的世界有能力生产出足够的食物养活所有人，但仍有超过15亿人无法负担能满足必需营养需求的膳食，超过30亿人无法负担哪怕是最低价的健康膳食。这些无法获得健康膳食的人们分布在世界各个区域，因此，我们所面临的是一个影响所有人的全球性问题。《2022年世界粮食安全和营养状况》进一步指出：2021年全球饥饿人口进一步增加，表明各国之间和各国内部的不平等现象加剧。根据预测，即使全球经济实现复苏，预计到2030年仍有将近6.7亿人面临饥饿，占世界人口的8%，与2015年启动联合国2030年可持续发展议程时的水平相近。照此趋势，2030年全球消除饥饿、粮食不安全和一切形式营养不良这一目标或难实现。

三、开放背景下我国粮食安全面临的主要挑战

我国农业现代化的过程也是农业融入全球体系的过程，随着农业市场开放程度的不断提升，国内外市场联通性不断增强，相对于欧美等农业强国，我国农业可能呈现“高成本、高价格、低效率”的情况。从短期看，可能推升我国粮食进口成本和种植成本，从中长期看，可能面临外资将借机从种子向农业产业链上下游延伸掌控的风险，并且部分外采率较高的农产品，也可能面临突然断供的风险。

（一）从短期看，国际粮价大幅上涨，推升我国粮食进口成本

国际农产品的金融属性越来越强，而以美国为代表的农业强国对国际市场交易价格的影响很大，其在关键时点发布的消息和数据经常会引起农产品国际价格的大幅波动。随着我国农产品市场开放程度不断提高，国内外很多产品的市场联通性越来越多，国际价格的异动将直接影响国内相应品种价格甚至是物价总水平，从而造成输入性通胀（或通缩）的风险和压力。

2020年以来，受国际粮价持续上涨影响，我国进口粮食的成本也在

快速上升。2020年，我国粮食平均进口价格为357.6美元/吨，2021年同比上涨26.9%，达到453.8美元/吨。2022年1—6月，进口均价进一步上涨至531.8美元/吨，较2020年上涨幅度达到48.7%（表4-10）。其中，大豆进口价格上涨更为明显，2022年1—6月平均进口价格高达649.7美元/吨，每吨平均进口价格比2020年上涨超过250美元。以2021年我国进口的1.65亿吨粮食计算，因进口均价上涨的原因，就会多支付近160亿美元。2022年粮食进口均价继续上涨，不但会进一步推升我国进口粮食成本，而且会造成粮食生产、加工、销售等上下游企业市场预期不稳，影响投资者信心。

表4-10　我国粮食进口均价变化情况　　单位：美元/吨

时间	粮食	其中			
		小麦	稻谷及大米	玉米	大豆
2016年	364.4	239.2	454.1	272.2	406.7
2017年	368.8	250.5	462.8	244.2	416.8
2018年	398.2	269.7	532.3	238.4	432.9
2019年	377.7	287.5	506.3	226.2	401.5
2020年	357.6	281.0	501.7	217.7	396.0
2021年	453.8	317.9	448.9	283.1	553.5
2022年1—6月	531.8	373.3	421.3	325.2	649.7

资料来源：海关总署。

（二）从短期看，国际农资价格大幅上涨，抬高国内种粮成本

化肥作为粮食的“粮食”，对粮食增产具有至关重要的作用。近年来，我国大力推广减肥增效技术，化肥施用量呈逐年递减趋势。2021年，我国化肥施用量降至5 191.3万吨，比2015年减少831.3万吨，同年进口肥料909

万吨，占当年施用量的17.5%。2021年3月以来，全球化肥价格持续攀升，我国进口化肥的平均价格也不断上涨，2022年1—6月的平均进口价格达498.1美元/吨，特别是2022年6月的进口价格达到615.1美元/吨，比年初大幅上涨73.2%，无疑会直接推动国内种粮成本，不利于保护种粮积极性（表4-11）。

同时，国际油价和天然气价格震荡上行，布伦特原油价格从2022年初的不到80美元/桶，快速上涨至3月上旬的128美元/桶，纽约商品交易所2022年6月上旬的天然气价格比年初上涨近130%，后虽有下降，但仍处近年来的高位。国际油价和天然气价格的大幅上涨，不但直接推升了国内农具农机的用油成本，并且由于天然气是尿素等氮肥的重要生产原料之一，还会进一步推高施肥成本。

表4-11　我国化肥施用量、肥料进口量和肥料进口均价变化情况

时间	化肥施用量（万吨）	肥料进口量（万吨）	肥料进口金额（亿美元）	肥料进口均价（美元/吨）
2015年	6 022.6	1 116.5	39.4	355.3
2016年	5 984.4	832.0	24.1	291.5
2017年	5 859.4	918.0	23.4	261.2
2018年	5 653.4	950.0	27.3	291.2
2019年	5 403.6	1 111.0	35.3	318.2
2020年	5 250.7	1 061.0	28.9	273.1
2021年	5 191.3	909.0	27.3	311.1
2022年1—6月	—	458.0	22.8	498.1

资料来源：化肥施用量来自国家统计局，肥料进口量来自海关总署，肥料进口金额和进口均价来自Wind数据。

（三）从中长期看，外资大举进入上游种业市场，出现抢占我国种业市场份额的趋势

我国虽是世界第二大种子需求国，但国内种业总体呈“小、散、弱”态势。《2021年中国农作物种业发展报告》统计数据，截至2020年底，我国纳入农作物种业统计的持有效种子生产经营许可证的企业数量为7 372家，比2016年增加了2 856家，增幅达63.2%。但是，其中资产总额超过1亿元以上的企业仅432家，占比不足6%，资产总额超过10亿元以上的企业仅有27家，全国种子企业的科研人员合计仅2.9万人，“小、散、弱”态势较为明显。

这种态势不仅给了外资企业大举进入我国种业市场的机会，还有助于其迅速抢占市场份额。目前，我国水稻和小麦两大口粮作物品种能够实现完全自给，部分玉米品种要靠“洋种子”，美国先锋公司选育的一些玉米种子已推广十多年，是我国部分地区的重要玉米品种。除主粮等大宗农产品外，许多农产品特别是经济作物种子的自给程度更显不足。2019年，我国进口蔬菜种子2.24亿美元，占全部种子进口额的一半以上。菠菜、西兰花、洋葱、萝卜等常见蔬菜的“洋种子”占比仍较高，一些地区的一些蔬菜品种“洋种子”占比超过80%，甜菜和黑麦草种子外采率达到95%以上[①]。由于“洋种子”在品质、品相、产量、纯度和发芽率、耐储藏、后期服务等方面都比我国种企提供的种子和服务具有明显优势，因此虽然“洋种子”的价格远远高于国产种子价格，但农民还是会选择按粒卖的进口种子，而不用论斤卖的国产种子。未来，孟山都、瑞克斯旺等国际种业巨头凭借技术和服务优势进入我国种业

① 王建. 天价“洋种子”背后的种业之痛［N］. 经济参考报，2021-4-22.

市场并加快扩张速度[①]，将对我国种业产生更大冲击。特别是近年来我国取消了小麦、玉米之外农作物新品种选育和种子生产须由中方控股的限制[②]，特别是2021年进一步明确除国内稀有和特有的珍贵优良品种、转基因品种外，外商投资种业的限制范围缩减至小麦和玉米须有中方持一定比例股份，这无疑对跨国巨头种企形成重大利好，我国种业未来将面临较大挑战。

（四）从中长期看，国际粮食和农产品巨头加强对加工、销售和研发等高附加值环节的拓展

依托数十年的科技积累和成熟的服务体系，国际粮食和农产品巨头不断从种植生产环节向拥有更高附加值的深加工领域拓展，打造或兼并重组“金龙鱼”“益达”“奥利奥”等知名品牌[③]，斥重资开展有关生物燃料、基因编辑、高端保健食药等精深研发，并将我国作为重要潜在市场和竞争对手[④]，对我国民族品牌建设和农业尖端前沿科技发展构成了压力和阻碍。

（五）一些大宗农产品外采率和进口集中度“双高”，易出现供给中断的危机

我国大豆、棉花等农产品的进口规模和集中度过高，海外可替代的耕地不足，一旦供给国出现问题，短期将对下游产业形成较大冲击。以大豆产业

---

① 世界排名前10位的跨国种业公司中，已有8家在我国建立了分支机构。从这些跨国巨头的发展规划来看，均有通过实施本地化战略进一步抢占我国种子市场份额的计划。

② 《外商投资准入特别管理措施（负面清单）（2019年版）》对该领域的要求，与2018年版相同。

③ 新加坡独资企业益海嘉里集团于2001年进入我国，在全国26个省、自治区、直辖市建成70多个生产基地，在我国打造出一批以“金龙鱼”“欧丽薇兰”“胡姬花”“香满园”等为代表的具有相当竞争力的知名农产品品牌。

④ 从嘉吉、路易达孚、孟山都等跨国农业巨头的企业规划看，均将在我国发展以农业科技为基础的高端生物产业、动物蛋白、美容及个人护理、制药等，作为其企业未来发展的重要领域和潜在增长点。

为例，大豆外采率超过86%，且从巴西、美国和阿根廷三国进口规模之和占进口总量的95%以上，若出现主要供给国货源突然断供的情况，由于国内耕地面积有限，提升产量的空间不大，中短期内从其他国家扩大进口的可行性也不高，断供缺口短期内将难以补齐。

同时，我国海上运输通道安全保障能力相对不足，易出现运输断供风险。粮食作为全球五大干散货之一，海运是其国际贸易的主要运输方式。我国现有海运自给能力有限，特别是对于全球关键港口和运输通道的掌控能力及协调能力较弱。未来10～15年，随着我国加大农业“走出去”步伐，粮食回运的安全保障压力增大，我国的海运自给能力尤其是关键港口和运输通道掌控能力及协调能力等若不能得到同步提升，很有可能成为保障未来粮食战略安全的瓶颈。这不仅会大幅增加运输成本，抬高进口农产品价格，还可能沦为被人冲击或挟持的风险燃爆点。相关研究显示，目前我国谷物和化肥进口量约87%在运输中都要通过至少一处海上关键通道[①]，如何在将农业资源从供应国运到过境国，最终转运到我国的过程中，保证存储和运输通道的安全是我们面临的一个重大问题。

四、提升能力型安全保障能力的国际经验

总体看，发达国家的粮食安全保障能力经历了从立足本国到面向全球的转变过程，实现了从理念到实践的转型。目前，欧盟、美国、日本等发达经济体形成了以提升质量型和能力型粮食安全为核心的保障体系，拥有对全球农业生产和流通体系的较强控制力。在这个过程中，各国结合自身发展基础和优势特点，形成了各具特色却又异曲同工的保障模式，值得我们学习借鉴。

① 英国皇家国际问题研究所．中国在确保粮食供应方面的“积极主动”带来了政治稳定［N］．南华早报，2017-06-27.

（一）美国模式：依托竞争力强的农业产业体系和国际金融中心地位，全面实现能力型安全

美国拥有良好的农业自然资源禀赋，耕地面积占世界耕地总面积的13%，其中70%以上以集中连片的方式分布，适合于大规模农业机械化作业。同时，美国政府对于农业补贴的支持力度较大，特别是在几十年的补贴实践过程中，不断根据实际情况和遇到的主要矛盾而调整优化，从而建立了一整套有法可依、规模巨大、快捷高效、市场化程度较高的农业补贴政策体系，成为其保持全球农业竞争力的有力保障。此外，美国联邦政府在实践中建立了《莫里尔法案》《拜杜法案》《哈奇法案》等一系列法律规定，多年来依法对农业科技研发、农业教学、成果推广转化进行财政支持①，打造农业科技创新体系，并于20世纪初就已建立覆盖全国的农业科技推广系统，科技在农业发展中的贡献率高达70%左右。经过数十年努力，美国农业在全球生产技术水平最高、劳动生产效率最高、现代化程度最高、出口规模最大，具有明显的比较优势。

同时，美国作为全球金融中心，资本市场非常发达，为其获得国际农产品定价权提供了强大基础。此外，通过颁布《农产品贸易开发与援助法》（即480法案）和之后多次修订的《农业法案》，构建了较为完备高效的法制化机制化体系。在美国政府相关政策支持下，开展对外粮食援助不但有效解决了国内粮食和其他农产品产能过剩的问题，又为开拓海外农产品市场打下基础，更为其全球战略的实施提供支撑。

① 熊鹏，徐琳杰，焦悦，等. 美国农业科技创新和推广体系建设的启示［J］. 中国农业科技导报，2018，20（10）：15-20.

（二）欧盟模式：通过执行绿色化生态化高品质路线和传统金融中心地位，有效实现质量型和能力型安全

欧盟作为全球第三大粮食出口经济体，农业现代化程度高，内部分工协作较多。近年来，特别强调农业的绿色化、生态化发展，实现了以农产品的高品质提升全球竞争力的目标。

为确保农业的全球竞争力，欧盟在成员国内部开展分工协作，由各国分别种植具有比较优势的农产品，且内部跨境贸易不收额外税费，从而形成欧盟内部优势互补、高效协作、共同受益的生产经营模式。

欧盟共同农业政策对于耕地保护形成法制化和制度化要求，突出强调耕作方式的绿色化和耕地利用的精准化。近年来，在减少价格干预的同时，大幅增加了农业绿色化以及农产品质量安全和食品安全方面的补贴[①]。与美国类似，欧盟出台了一系列鼓励粮食出口的补贴政策，并且为避免低价粮食进口对欧盟市场的冲击，欧盟各国对进口粮食实行“门槛价格”政策，而欧盟各成员国内部的粮食跨境贸易则不收此项税。同时，欧盟通过实施共同农业政策，规范内部农产品的生产、贸易和加工，有效地提升了内部经济一体化程度、促进了农业高效发展，补贴规模也在稳步上升。在农业人口不断减少的情况下，农业投入占总财政支出的比重却在不断上升，进一步凸显了欧盟对农业的重视程度。

此外，欧盟近年来提出增强农业竞争力、实现自然资源可持续管理、成员国区域平衡发展等三大长期发展目标，以加强自然资源和生态环境保护、改进生产方式、注重农业综合竞争力提升等为重点，大幅提升农业绿色化生态化智能化补贴规模。同时，欧盟依托现代科技，形成了从田头到餐桌的全

① 王有强，董红. 欧盟农业生态补贴政策及其对中国的启示［J］. 世界农业，2017（01）：87-90，108.

程可追溯的动态监管、预防控制、风险评估、应急处置等监管方式和手段集合，建立全球典范的农产品质量安全和食品安全监管体系，被评为全球食品安全保障水平最高的地区。在有效确保农产品质量安全和食品安全的同时，凭借打造优质安全的农产品形象，树立了欧盟在全球农产品市场的核心竞争力。

欧洲是期货市场的发源地，全球最早的期货交易所是英国的伦敦皇家交易所[①]。欧盟作为全球第三大粮食出口经济体，依托伦敦、法兰克福、巴黎、苏黎世等欧洲传统金融中心，实现了实体产业与金融市场的有机结合。在经过规模扩大、品种创新、体系升级、制度完善、功能丰富等发展历程后，欧盟最终形成了具有较大影响力的国际大宗农产品期货交易市场，对于大宗农产品价格的形成具有重要的影响力和话语权。

（三）日本模式：通过拥有更多海外农业资源来弥补自身禀赋不足，以海外掌控能力确保能力型安全

日本农业自然条件较差，土地瘠薄细碎，耕地资源有限，人均耕地不足世界平均水平的1/10。土地经营规模零散，未能像美欧许多国家那样实现大型或中小型家庭农场的生产模式，粮食自给率低，粮食高度依赖进口。因此，日本政府对农业高度重视，长期以来一直在探索如何更好地实施农业“走出去”战略，以谋求更加稳定多元的海外粮食供应，形成了种类繁多、覆盖面广的农业补贴政策体系。其强大的农协组织已经成长为可以影响政策走向的政治团体，促使政府不断增加补贴规模，使得日本农业被一些人称为“被宠坏了的农业”。

由于粮食自给率一直较低，因此日本对于储备工作非常重视，并将粮食

① 王燕青，武拉平. 国外农产品期货市场发展及在农业发展中的应用［J］. 世界农业，2017（05）：4-12.

储备法制化。根据以大米为三餐主食的传统饮食习惯，日本政府将大量补贴用于大米储备，主要为政府对本国生产的大米进行直接收购和对少量进口大米的储存。日本的储备库有政府和民间两种形式，其中政府储备量约为20%，大部分通过市场化方式交由农协组织或其他专业储备公司代储，政府按照一定标准对其补贴。除大米储备外，日本政府还根据市场需求和财政承受力规定了小麦、大豆等粮食的储备量。

鼓励企业“走出去”开展粮食生产。受自身农业发展条件限制，在无法实现粮食自给自足的情况下，日本政府很早就把推动企业开展海外农业投资视为保障粮食安全的基本国策，并通过税收减免、政府担保、设立农业海外财政开发基金等一系列直接或间接的支持政策，鼓励企业凭借资金和技术优势。通过大量海外屯田、并购、合作经营、长期租赁等方式，日本政府不断提升海外粮食生产能力、运输能力和控制能力，以弥补国内农业生产的不足，从而掌控稳定的海外农业资源，实现进口来源的多元化和可控化。目前，日本海外屯田面积超过1 200万公顷，约为其国内耕地面积的3倍，是日本重要的海外粮仓，成为保障其粮食安全的重要支撑。

五、多措并举全面提升能力型安全保障能力

（一）有效提升我国农业国际竞争力

一是以发展全球领先的农业科技为目标，完善农业科技研发和应用转化体制。加大政府对农业基础性、战略性、前沿性研究领域的投入力度，加强重大共性关键技术和产品研发与应用示范，完善以市场需求为导向的农业科技研发机制，提升涉农企业特别是龙头企业的科技研发能力，建立城乡一体化农业知识产权交易市场，缩短技术转化应用和产业化链条。更好地发挥科技要素在现代农业发展中的关键作用，推动农业机械化、科技化、智能化发

展，有效落实藏粮于地、藏粮于技战略。

二是重塑以大豆为代表的相关产业新优势。在种植环节加强新品种培育和技术研发推广，提高种植比较收益。在加工环节推动产业链向附加值更高的精深加工环节延伸，着力打造非转基因大豆的中国品牌。在开放环节引导国内企业在“走出去”过程中提升大豆国际产业链控制力和定价话语权，并逐步构建进口的多元化方向。加大在黄淮海、西北、西南地区推广玉米大豆带状复合种植技术，因地制宜抓好模式选择、品种选配、种子处理、适墒播种、种肥同播等关键技术措施的落实。

三是全面提升我国种业研发能力和服务质量。建立全国统一的种子研发、生产、销售等环节的标准体系，严格保护种子知识产权，提高自主研发能力，提升本土种子竞争力。同时，全面提升售后服务水平，对播种、发芽、抗虫、产量等方面进行全程跟踪和数据采集，鼓励龙头企业对内加强行业整合，对外加快海外并购步伐。

（二）依托日益提升的国际金融地位，提升在国际粮食市场的影响力和话语权

一是完善期货交易制度体系。强化“制度稳市”“规则稳市”，夯实国内农产品期货市场体系，完善大宗农产品市场准入制度，健全市场供求信息权威发布机制，改进期货交易风险监测和预警机制。加强期货和现货市场衔接互动，更好发挥价格发现、套期保值、促进转型等功能，优化交易者组成结构，吸引更多实体企业、行业协会和中介机构参与，加强与国际规则的对接。

二是提升农产品期货市场国际化水平。将我国作为大宗农产品生产、消费和贸易大国的有利条件与金融实力迅速提升的发展优势相结合，加快国际化步伐。优化业务规则，对接交易体系，拓展平台功能，稳步适时推出更多可交易的大宗农产品期货期权品种和产品，逐步扩大农产品期货市场对外开

放力度，吸引更多的合格境外投资者参与交易，进一步提升国内期货交易所的国际化水平。

三是推动期货公司加快“走出去”步伐。引导国内有条件的农产品交易所加快交割仓库全球布局，在海外设立分支机构，创办离岸衍生品交易所，通过市场化手段收购兼并国外相关企业，积极开展海外业务。积极参与农业领域相关资源配置和价格形成机制制定工作，提升国际规则主导能力和话语权，着力推动以大连商品交易所、上海期货交易所、郑州商品交易所为代表的国内大型交易所的国际化步伐，加大产品体系创新力度，加快交割仓库全球布局，完善期货交易平台规则体系，拓展交易平台功能。利用我国作为全球大宗农产品消费中心的地位，不断提升在国际大宗农产品市场上的价格话语权，探索新时代中国期货市场服务全球农业发展新模式，逐步实现从国内定价中心向区域定价中心乃至全球定价中心的战略转变。

（三）顺应高水平开放和大规模“走出去”趋势，推动向能力型安全的跃升

一是有效提高农业对外合作水平。鼓励各类企业根据市场规律，有序开展农业对外合作，通过海外屯田、并购合营、委托代理等方式，扩大海外粮食生产能力，推动我国农业结构在全球范围内优化资源配置，并逐步增强对国际粮食市场生产、流通和仓储等全产业链的掌控力。对于在海外生产、国内需求较大的一些优质、有机农产品，可通过税收、配额、跨国原材料采购等方式，理顺优质农产品运回的体制机制，不断完善我国农产品和农业资源的全球大循环体系。

二是积极参与全球粮农治理。加强与联合国粮农组织、世界粮食计划署、世界粮食安全委等国际机构和平台的合作交流，积极参与联合国粮农组织、G20（二十国集团）和APEC（亚太经济合作组织）等倡议的全球和区域粮食

储备体系建设、粮食安全治理机制和禁止粮食禁运等行动计划[①]，推动全球农业贸易更加公平有序，积极承担我国作为世界大国在化解地区粮食危机和援助贫困国家的责任和义务，持续增强全球农业治理的话语权和影响力。

三是健全对外粮食援助政策框架。结合国内粮食综合生产能力提升、库存水平变化、市场供需预测等情况，做好对外粮食援助工作的顶层设计和相关规划[②]，健全相关法律规则体系，合理确定粮食援助的原则、目标、品种、数量、标准、方式等，健全科学合理的援助政策体系，形成机制化、有针对性地对某些国家和地区开展粮食援助，特别是“一带一路”沿线一些粮食自给率较低的国家[③]。同时，加大对援助项目的宣传解读，鼓励当地政府和民众积极参与，提升援助项目的透明度，加强政策评估和过程监管，切实有效发挥粮食的战略属性，进一步提升大国形象和影响力，增加受援国政府和居民对我国的友好度和认同感。

四是不断提升全球通道安全保障能力。积极拓展海外农产品多元化供给，探索打造海外供应基地，加强运输通道安全。借鉴四大跨国粮商经验，努力打造集资源、生产、贸易运输与加工制造于一体的跨国公司，逐步提升对国际农产品贸易全产业链的掌握能力，特别是逐步强化对全球重要农产品资源的控制权与主导权。

① 史妍嵋.全球粮农治理框架下的中国粮食安全［N］.学习时报，2020-6-19.

② 高道明，田志宏.美国对外粮食援助政策演变及其对中国的启示［J］.中国农业大学学报（社会科学版），2018，35（02）：106-113.

③ 李怡萌.“一带一路”沿线国家粮食安全问题及中外合作机遇［J］.世界农业，2018（06）：29-36.

实践篇

第五章
2020年以来全球农产品价格大幅波动的成因及影响

受周期性、结构性、金融性、地缘政治等因素叠加影响，2020—2022年，全球大宗农产品价格一度出现全面持续大幅上涨，部分品种甚至超过2008年国际金融危机之前的价格高点，对经济平稳运行和人民群众正常生活带来冲击。面对全球供给与需求失衡、供应链扭曲等更加错综复杂的形势，我国坚持用市场化办法解决玉米、大豆等大宗农产品价格上涨和农副产品保供问题，同时充分发挥我国政治经济制度优势，针对短期冲击造成的价格剧烈波动，采取必要的法律和行政手段，及时纠正市场失灵，取得了明显效果。2022年二季度以来，国际大宗农产品价格呈现震荡分化走势，供给偏紧的品种还有进一步上涨空间，供给弹性较大的商品随着供给恢复而涨幅收窄甚至部分品种出现较大幅度下跌。展望整个“十四五”时期，我国大豆等大宗粮食和农产品资源外采率还处在高位，需要有效应对国际原材料价格异常波动对经济运行、结构调整和价格稳定的不利影响，并关注国际市场定价影响力不足对经济安全和金融稳定的挑战。

一、2020年以来全球大宗农产品价格上涨的成因

（一）结构性因素是导致世纪疫情以来大宗农产品价格上涨的根本原因

全球大宗农产品市场呈现明显的结构性特征，供给国在全球分布并不均衡，集中在少数国家，需求与供给在全球范围存在明显的错配。世纪疫情直接加剧了这种供需错配的程度。例如，美国、巴西、阿根廷是大豆主产国，但是受疫情影响导致复工复产进度不及预期，疫情加剧了供求错配和未来供给的收缩预期。另外，世纪疫情导致全球供应链紊乱，国际干散货运输价格高涨，出现“一船难求”等局面，加之主要出口港装卸力量严重不足，都客观上扩大了疫情期间大豆等大宗农产品的阶段性供求缺口。与此同时，中下游使用大豆的企业看涨预期得到强化，也在加速补充库存，进一步抬高了价格。

（二）经济周期因素促使国际大宗农产品价格上行

世界经济从疫情冲击中逐步复苏，拉动了农产品相关投资、消费和出口贸易量上涨，加大了国际大宗农产品价格的高涨幅度。全球主要经济体积极推动新能源转型和绿色发展，引发了市场投资者对全球经济加快绿色转型的预期，传统能源出力不足，叠加新能源供给跟进不力，导致欧洲出现了严重的能源供应短缺，全球油气等能源价格持续高涨，也显著增强了对粮食价格高涨的带动力。一方面，油气是粮食生产和运输的重要成本；另一方面，能源高涨刺激了玉米乙醇、生物质柴油等的生产，由此能源缺口直接推动了粮食缺口扩大，进而也促使国际粮价持续高涨。

（三）全球流动性过剩是本轮大宗农产品价格异常波动的“放大器”

历史上罕见的宽松流动性是造成世纪疫情以来国际大宗农产品价格出现大幅波动的重要原因。世纪疫情在全球扩散以来，主要经济体央行采取一致性的量化宽松政策，宽松程度明显高于2008年国际金融危机时期的应对政策，尤其是美国联邦储备委员会（以下简称“美联储”）仅用不到15个月的时间扩表3.59万亿美元，超出上一轮十年的扩表量。在短期超宽松流动性的助推之下，国际主要粮食价格持续高涨一度创下有统计以来的新高。同时，美元是影响大宗农产品价格的金融因素，它是全球大宗农产品的基础计价货币，在全球货币宽松大背景下，美元指数持续走低，降幅超过15%，远超2016年上一轮供给侧改革时期的降幅，由此支撑了国际大宗农产品价格上涨。此外，这十多年来重要大宗农产品的金融属性有所增强，相关大宗农产品的金融衍生品发展迅速，跨市或跨品种套利的手段多样，这也放大了价格波动的幅度。

国际大宗农产品持续高涨直接推升了全球主要经济体的国内通货膨胀水平，使得美欧等发达经济体和其他发展中经济体的通货膨胀率都创下了接近半个世纪的历史高点。金融属性对于国际大宗农产品的价格波动而言，不止助涨，也会助跌，主要是显著放大波动幅度。2022年上半年以来，为对抗连创40年历史高点的通货膨胀，美欧等主要经济体开始加快加息步伐，使全球流动性环境发生明显的转向。随着美联储加息步伐加快，美元指数一度创下了2002年以来的高点，美元指数走强直接助推国际大宗农产品价格进入下行通道，普遍出现较为明显的跌幅。

（四）地缘政治事件推涨国际大宗农产品的价格

大国博弈与地缘政治冲突推涨价格的因素是长期存在的，叠加世纪疫情的冲击，最近一轮国际大宗农产品价格对地缘政治事件的冲击更加敏感。由于部分大宗农产品具有战略属性，主要经济大国围绕全球农业和农产品相关战略资源的竞逐并未停息。现阶段，我国大豆的外采率超过70%，而其中近90%来自北美洲和南美洲，进口来源地相对集中。在百年变局叠加世纪疫情冲击下，全球主要经济体的经济恢复进展并不一致，国家之间分化严重，地缘政治冲突的引爆点比以前有所增多。例如，作为全球四大黑土地平原之一的乌克兰大平原，2022年上半年陷入地缘政治危机，俄罗斯和乌克兰粮食出口中断，直接加剧了小麦、玉米等粮食供应危机，明显扰动国际粮价。

二、全球大宗农产品价格上涨的影响及传导机制

随着我国经济和金融国际化程度的不断提升，国际大宗农产品价格大幅波动对经济运行、结构调整、价格稳定、经济安全和金融稳定影响越来越大。

（一）粮食和农产品原材料价格异常波动对经济运行有明显不利影响

国际粮食和农产品原材料价格波动直接影响相关行业效益水平，进而影响生产和投资，最终影响经济运行。2020—2022年国际大宗农产品上涨周期，大豆、玉米、油料、钾肥等原材料涨幅连创历史新高，对国内相关产业产生了较大影响。从农副产品产业链来看，当上游原材料价格上涨时，可以通过中下游农副产品加工业、食品制造业等行业把上游原材料价格上涨带来的成本压力向消费端传导，从而抬高居民消费价格，增加居民生活成本。

（二）国际大宗农产品价格上涨增大输入性通胀压力

历史上看，国际大宗农产品价格剧烈波动，多次给我国带来输入性风险

和压力。2022年二季度以来，国际大宗农产品已经开启了新一轮回调周期，重要农产品价格出现了较大跌幅，预计还将持续一段时期。但是，鉴于我国大豆等粮食和农产品资源外采率较高，且进口规模占全球贸易量的比重较大，输入性风险的压力一直都存在，当前国际大豆、油料价格仍然在高位徘徊，而且不能排除再次出现阶段性上涨，如果叠加国内鲜菜、肉类等食品价格季节性上涨，可能会给稳定居民消费价格指数（CPI）带来相应压力。

（三）对国际大宗农产品价格缺乏影响力影响国内经济安全

国际农产品定价中心都集中在欧洲、北美洲，例如，芝加哥商业交易所集团的大豆等粮食和农产品期货价格是国际粮食和农产品商品交易的价格基准，所以该交易所是大豆等粮食和农产品初级产品的国际定价中心，而美国则对大豆等粮食和农产品拥有价格影响力。在全球范围内，有五家大型农产品跨国公司借助发达的金融体系、先进的技术控制了大豆等农产品产业链条上的绝大部分环节，形成对全球市场供给的垄断性控制。这五大巨头包括“四大粮商”，即美国ADM公司、美国邦吉公司、美国嘉吉公司和法国路易达孚公司以及种子农药生产商美国孟山都公司。当前，我国在国际市场的定价影响力与大宗贸易大国并不相称，虽然我国是大豆的全球最大进口国，但是客观上讲，国内大豆价格对于国际市场的影响微乎其微。

（四）国际大宗农产品价格异常波动对稳定金融造成压力

重要大宗农产品的金融属性日渐增强，通过全球流动性渠道向其他金融市场传导。不同金融市场的波动一般都与流动性环境紧密相关，宽松的货币环境可以为大宗农产品期货市场等金融市场提供比较充裕的流动性支撑，推动不同类型商品及其衍生品价格上涨，一旦全球市场流动性开始收缩并日趋紧张，相关金融市场可能出现较大幅度的快速下跌。近年来，随着全球大宗农产品的金融属性不断强化和交易活跃度明显提升，国际重要大宗农产品交易市场短期内快速吸附或释放的资金规模也明显增大。重要大宗农产品价格波动会影响上下游企业利润水平，不同企业利润水平变化会反映到相关企业发行的股票和债券价格上，进而对相关股市和债市产生影响。重要大宗农产品价格大幅波动也会对贸易盈余或赤字产生重要影响，进而影响外汇储备规模和汇率市场。当前，全球主要市场之间的关联性不断增强，一旦主要商品期货市场风险暴露，将导致全球金融市场流动性收紧，可能扩大相关股票、债券、汇率等其他金融市场的风险敞口。

价格异常波动通过信心渠道对投资者的风险偏好与资产估值产生影响。市场信心反映的是市场主体对经济发展趋势和主要市场前景的主观预期，各个主要市场发展趋势的信息集合是影响信心和预期的重要因素。大宗商品价格是反映实体经济供给与需求的重要价格信号，因此大宗农产品价格的波动性是市场信心和预期的直接反映，也将对其他市场主体的预期和行为产生连带影响。当前和未来一段时期，不能排除因为金融因素、流动性、地缘政治和供给需求格局的演变而导致大宗农产品价格再次出现剧烈波动，可能还将导致国际大宗农产品市场的剧烈震荡，进而对市场信心和预期产生直接影响。市场风险暴露会加重市场投资者的避险情绪，投资者对风险资产将会有更高的溢价要求，这将冲击主要市场原有的商品估值体系，由此也可能导致风险在多个市场之间相互传染和共振。

三、我国保障重要大宗农产品供应的现实意义

我国国内的农产品可以按照交易量和市场波动率分成三类：第一类是稻谷、小麦、玉米三大主粮和棉花、油料、糖料等，属于政策性支持稳产保供的重点品种，国内市场运行相对稳定，价格波动相对较小；第二类是

畜肉、禽蛋、蔬菜、水果、水产等鲜活农副产品，从生产、交易和消费规模来讲，也属于大宗农产品范畴，但市场化程度相对较高，价格波动较为频繁；第三类是市场化程度高、价格波动更大的相对小宗交易的农产品。本书认为重要农产品的外延涵盖前两类大宗农产品，是指与国民经济运行和人民生活息息相关的必需型大宗农产品。近年来，全球农副产品生产和贸易格局发生深刻变化，国内农副产品的市场供求关系也有了新动向，传统因素与非传统因素密切交织在一起，对重要大宗农产品的供应保障提出了更高要求。

（一）即将迈入高收入国家行列，需要更好满足日益增长美好生活需要

2021年我国人均GDP已经超过1.25万美元，全国居民人均可支配收入3.5万元人民币（其中城镇居民4.7万元、农村居民1.9万元），扣除价格因素，实际增长8.1%；居民人均消费支出规模达到2.4万元人民币，扣除价格因素影响，实际增长12.6%。按照世界银行划分的收入标准，我国居民收入水平已处于中高收入阶段，城乡居民消费正由生存型消费向发展享受型消费过渡，对猪肉、蔬菜、水果、食用油等重要农产品的需求更加多样化，且需求的价格弹性进一步下降。一方面，我国城乡居民消费结构升级使以生存需求为目标的粮食需求量减少，对农副产品提出了更加绿色、更高品质的供应要求，出现了结构性供求矛盾，劳动力成本上升，绿色化供应成本抬升，部分地区改善型的中高端农副产品价格上涨带动整体价格稳中上涨。另一方面，随着新型城镇化的推进，农民工及其家属市民化程度不断提升，绝大多数农副产品加速商品化，原先的农业生产者转为纯消费者，城乡居民对农副产品的需求刚性渐强，一旦某种重要商品因为天灾或疫情等冲击性因素而供不应求，市场价格就会出现明显大幅波动，影响到民生保障。为此，要充分考虑低收

入群体对重要农产品价格持续上涨的可承受能力，避免因重要农产品价格过快上涨而加重低收入阶层生活负担。特别关注城乡低收入群体的现实购买力，体现政府保基本、稳民生的兜底保障作用，着重完善财政补贴体系和提升质量安全监管能力，具有必要性和紧迫性。

（二）部分重要农产品外采率攀升，切实保障供应有助于更好防范输入性风险

随着农副产品贸易全球化加快和我国对外开放程度不断提高，国内外市场联通性增强，农副产品市场的价格联动显著增强，同时也给更好保障供应安全带来了挑战。全球主要农副产品出口国的贸易政策变动、因自然灾害或疫情减产情况等导致的国际市场农副产品价格大幅波动，给我国稳定国内重要农产品供应带来了不小的输入性风险。据测算，2010—2019年大豆的国内价格与国际价格的相关系数超过0.9。尤其是近五年，受中美贸易摩擦影响，国际市场大豆期货价格波动剧烈，向国内豆油、豆粕价格传导的时间明显缩短且“共振频率”增大，对食用油和禽畜饲料价格都产生了一定的影响。不止大豆及其他相关农产品，一些作为食品原材料的重要农产品，一旦供给因不可抗力出现明显缺口，也会出现类似依存度短期扩大、输入性影响有所增大的情形，同时也需要考虑国际汇率、原油等影响农用物资价格变化的其他因素。

（三）全力保障重要农产品供应，有助于缓解低收入群体生活压力

作为供应保障重点对象的农产品，主要是占中低收入群体消费支出的比重明显扩大、因自然灾害和疫病等冲击性因素导致的供求缺口在短期无法弥合、外采率增大或海外出现断供风险等相关的商品。因为不可抗力、意外事

件引发的供给缺口扩大或者断供最终都会体现在价格波动上，进而影响到居民家庭消费。在供应保障监测过程中，有些商品的产能收缩、供给缺口扩大可能滞后数月甚至半年以上才传导到市场价格上。如果某种商品占低收入群体消费支出的比重在某一时期出现了大幅上升，说明低收入家庭对此商品的需求明显增加且需求价格弹性可能进一步下降。在这个时期，这种商品的市场价格又出现明显大幅上涨，无疑会给低收入阶层和他们所在家庭正常生活带来较大冲击。

四、我国重要农产品供应保障面临的压力和挑战

粮价稳则物价稳，物价稳则民心稳。粮食是支撑国民经济健康有序运行最为基础的生活资料。粮食安全是国之大者，确保粮食安全是重大战略性根本性问题。我们要牢牢守住粮食安全底线，夯实农业稳产保产基础，全面提升供给保障能力，坚定实施节约优先战略，将发展的主动权掌握在自己手里，以自身发展的确定性应对外部环境的不确定性。

（一）百年变局加速演变，对于粮食安全风险不能麻痹大意

当前，与全球主要初级产品相关的产业链供应链正在重塑，国际流动性仍处于相对宽裕的阶段，比较容易出现国际粮食价格波动率明显加大的情况，一些“两头在外”的行业企业容易受到供给不足和价格异常波动等外部冲击。为此，中央明确提出要正确认识和把握初级产品供给保障，要密切防范部分初级产品出现供给缺口进而演变成“灰犀牛”事件，可能对经济社会运行产生的不利影响。

从全球重要初级产品的供求格局来看，分布并不均衡，具有明显的结构性特征。大豆等农产品的供给相对集中，需要通过全球大宗商品贸易网络进

行交易和结算，并经由跨洲远洋干散货运输，因此容易因港口通道发生地缘冲突而产生供应中断风险。尤其是我国大豆等农产品的消费量和进口量占国际贸易量的比重相对很大，且海外供给来源相对比较单一，客观来讲，在稳定安全供应方面存在一定压力和风险。近年来，国际能源价格向粮食和农产品的成本传导压力也有所增大，能源涨价在不同程度上推高国际农资成本和运输成本，从而推动农产品价格上涨。这个问题在国外更加明显，由于乌克兰危机持续发酵，涉及全球最大的化肥出口国和欧洲主要能源产地，欧洲天然气面临断供的可能，导致欧洲天然气价格持续高涨，部分化肥厂不得不停产或者减产，从而引发国际化肥价格持续大幅上涨。我国已经从生产、供应、储备、销售等多个环节稳定化肥等农资供应以缓解国外价格上涨对国内相关行业的输入性压力。

（二）不利天气多发频发给粮食供应保障带来压力

根据中国气象局气候变化中心发布的《中国气候变化蓝皮书》，气候系统的综合观测和多项关键指标表明，我国气候系统变暖趋势进一步持续，极端天气事件趋多趋强，气候风险水平呈显著上升态势，表现为暴雨频繁，登陆台风多，高温日数连创新高。各类极端天气及相关次生灾害频发，给我国农副产品的生产供应带来了较大影响，对稳定重要农产品市场运行造成了挑战。复盘历史，每年台风季高温多雨，蔬菜价格总会呈现“过山车”走势，2019年的水果价格一度出现大幅上涨也与南北方相继遭灾减产密切相关。

2020年以来，世纪疫情导致全球供应链紊乱，叠加极端天气等不利因素影响，全球粮食及农副产品的生产、运输、供应、消费碰到一系列棘手难题。有的国家和地区遭遇到数十年罕见的粮食危机和食品供应短缺，流动性宽裕助长国际粮食价格出现大幅上涨，部分商品价格一度脱离供求基本面，导致这些国家内部出现严重的通货膨胀。与国外高粮价引发的高通胀形成鲜明对比，我国多措并举稳产保产，积极抵御干旱洪涝等不利天气影响，确保主要粮食连年丰产丰收。尽管如此，对于不利天气造成的影响还是不能掉以轻心，要做足常态化应对极端天气或突发事件冲击的准备。

（三）国内生产集中与消费分散的矛盾有所加剧

近年来，我国农业供给侧结构性改革深入推进，粮食、油料、生猪、部分蔬菜等重要农副产品生产进一步向优势产区集中，"区域性生产、全国性消费"的特征较为突出，对稳定供应和稳定价格提出了更高要求。例如，13个粮食主产区粮食产量占全国粮食总产量的75%以上；又如蔬菜，产量排名前12位的产菜省份的产量合计超过全国产量的74%，仅山东和河南两省的产量就占了全国产量的20%；秋冬反季节蔬菜种植向南方产区集中，强化了冬季"南菜北运"格局。粮食、鲜菜、生猪等产区和销区相对分散，导致运输半径有所扩大，不但提高了流通成本，客观上还使得放大价格信号的环节增多，容易导致价格波动加大。特别是遇到极端天气、自然灾害等情况，供求总体平衡可能被打破，短期内的结构性区域性失衡问题就会阶段性显露出来。一旦主产区因灾大幅减产即可能导致价格大幅波动，如若叠加资金炒作，生产集中度高的产品价格波动幅度会更大。近年，猪肉、鲜菜、鲜果都出现过类似情况。

（四）"小生产"与"大市场"之间的矛盾尚待缓解

分散小农生产与大市场的矛盾，一直以来都是造成重要农产品供给不稳定的结构性因素。我国农业基础设施依然薄弱，中低产田占比仍较大，农资装备水平还不够高，综合机械化水平尚待提升，抗灾避疫的能力不够强，"靠天吃饭"的局面没有得到根本性改善。农副产品领域的市场经营主体规模较小、发育不够健全，小农生产需要面对更加复杂多变的市场竞争挑战，生产稳定性和抗风险能力有待进一步增强。近年来，虽然农业组织方式有明显改进，但产业龙头企业、专业合作组织等新型主体发育相对迟缓。

（五）农产品及其衍生品市场流通秩序需要进一步规范

在重要农产品市场流通体制改革不断推进、农副产品市场化程度逐步提高的背景下，越来越多农副产品相关生产流通企业上市，同时在期货市场上，农副产品期货和期权品种的拓展，使资本获得了更多渠道进入农副产品生产、经营、批发、零售等各个环节，并通过增持减持股票（含基金）、套期保值、期现货市场联动操作等方式谋取溢价收益，客观上增强了农副产品的金融属性，同时也放大了农副产品期货和现货价格的波动率。尤其是随着部分农副产品国际和国内市场联通性增强，部分国际基金同时在国内外期货和现货市场进行跨市套利的行为也屡见报道。历史上，曾经出现过地方农产品现货电子盘交易和金融衍生品发展过热的情形，出现了利用资金扰动现货库存进出节奏、同步在期货市场进行组合投资的操作，导致部分农产品价格出现大幅异常波动。例如，2019年上半年的水果价格持续大幅上涨，虽然有灾害导致供给大幅下降的因素，但客观上也与相关品种期货的库存相对集中、盘面规模较小等有关，囤积行为导致果品库存阶段性增加，致使短期内苹果等水果价格超出了季节性波动范围。

五、保障重要农产品供应安全需要辩证处理好六大关系

（一）共性与个性的关系

重要农产品供应保障体系是一个整体系统，各地方各部门不能“各自为战”，要强调大局观和整体意识，重点增强生产扶持、产销衔接、储备吞吐、

价格补贴等多种调控手段之间的匹配和衔接。强调综合调控与分类调控相结合，明确不同重要农产品调控的优先顺序，统筹考虑上、下游产品和消费替代品之间的比价关系，根据不同商品的效用特征、供给波动成因，因类施治、因地制宜，分类设定具体保障目标和调控适用手段。

（二）政府调控与市场调节的关系

重要农产品的基本属性是可竞争性商品，政府的供给调节和价格调控行为要遵循市场经济一般规律，发挥市场配置资源的决定性作用。只有在出现市场失灵、价格波动明显超过社会可承受的范围时，政府才有必要采取措施增加市场有效供给、间接引导价格回归合理区间。总体而言，不宜直接干预市场的微观运行，尽量减少调控的随意性，避免因过度干预产生其他次生风险。为此，要引导和鼓励行业协会和骨干企业在保障供应安全方面积极发挥更大作用。

（三）中央和地方的权责关系

重要农产品的供应保障要强调全国“一盘棋”，加强统筹协调，整体优化调控体系，全面提升安全保障能力。中央政府应在重要农产品供应保障方面发挥顶层设计和引导作用，各级政府要明确责权分工，形成分级负责、密切配合的格局，推广相关省（区、市）的成功经验，同时强化对一些地区的财力和技术支持，帮助地方丰富供应保障手段，尤其是提升基层保障能力。

（四）供给调节和需求调节的关系

近年来，不利天气和疫病导致的供给收缩，往往是造成阶段性供给缺口进而导致重要农产品价格发生波动的主要因素，而居民消费能力提升和部分下游深加工需求扩张，也是抬升价格因素。为此，要从供给和需求双侧发力完善调控机制，强化生产调节与需求引导相结合。既要加强重要农产品生产能力和流通体系建设，保障市场有效供应，也要重视对市场需求的合理引导，适当抑制下游盲目扩张的加工需求和金融属性放大的虚拟需求，以便促进相关市场持续健康平稳发展。

（五）短期管理和中长期结构调整的关系

从近年实践看，储备调节被广泛运用到多种重要农产品的价格调控领域。由于储备调节对部分农产品市场的影响相对较大，平抑短期价格波动的效果是较为明显的。但是，平抑价格还是应当从导致价格波动的机理和结构性问题入手，即在采取临时收储、临时生产补贴等措施平抑短期价格异常波动的同时，更多关注稳定农业生产、强化市场流通设施、兼顾地方财力持续性等问题。展望未来，更要强化现代农业的产业体系建设，通过深化农业供给侧结构性改革，大力促进绿色低碳高质量发展，全面增强供给结构对需求变化的适应性与灵活性。

（六）国内市场与国际市场的关系

保障粮食安全一直都是保障民生的重要支撑。我国作为农产品生产和消费大国，要平衡好促进本国农业持续健康发展和保持进口调节能力之间的关系。重要农产品供应保障必须坚持以国内为主，通过价格杠杆引导和优化资源配置，保障和提高自给率，确保“把饭碗端在自己手里，而且要装自己的粮食”。同时，国内资源的相对有限性也决定要充分利用国际市场调剂国内供需关系，从而缓解国内市场短期异常波动。充分提升我国配置全球相关农业资源和市场资源的治理体系和能力。在推动全面制度型开放的背景下，加快在全球范围内建构我国重要农副产品种植养殖、加工、存运、交易的国内外市场充分联通的大循环体系，尽快实现从“被动安全”向“主动安全”转变，从而更好保障重要农产品在国内市场上的供给安全与供给质量。

六、保障重要大宗农产品供应安全的思路与任务

全球重要大宗农产品的市场秩序正在重建，世界主要国家之间的竞争已经从单一产品竞争转向战略性粮食和农产品资源产业控制力和价值链主导权之争。鉴于此，本书从维护国家安全和战略利益的高度，坚持全面深化供给侧结构性改革，提出“争一权、谋二化、图三新、健全四大体系”的相关研究思路。“争一权”即对外争取国际重要大宗农产品定价影响力和话语权；“谋二化”即继续深化重要农产品行业市场化资源配置改革，促进产业结构升级和绿色化发展，通过提高粮食和农副产品自给率和供给质量来确保国家“大粮食”安全；“图三新”即着力拓展我国重要农产品在境内外的发展新空间，谋求在全球大宗农产品相关产业链、供应链、价值链上的新位势，争取能够拥有更多全球性的战略性新权益；“健全四大体系”即健全重要农产品市场体系和现代市场监管体系，完善防范与化解价格异常波动及输入性风险的宏观调控体系，健全金融审慎监管体系，警惕系统性风险经由大宗农产品的金融衍生品市场发酵和蔓延。

（一）拓展我国重要农产品发展新空间，提升对全球的影响力

1.加快建设我国重要农产品海外基地

区域全面经济伙伴关系协定（RCEP）的实施将为我国农业发展带来更加广阔的海外市场空间，同时协议引入的外部市场竞争也将有利于倒逼国内农业发展，有助于重塑区域内有关农业的产业链和价值链，加强我国与其他成员国之间的有关农业的投资、贸易及更广泛的国际合作。展望未来，我国可以依托“一带一路”建设和RCEP实施，加快建设海外粮食和农产品资源供应基地，打造若干海外粮食和农产品资源保障基地和园区，推进海外粮食和农

产品供给多元化和分散化。加快推进海外国际性粮食和农产品交易平台建设，提升我国在国际粮食和农产品资源市场上的综合影响力。建设具有国际竞争力的粮食和农产品跨国企业，加快鼓励粮食和农产品龙头企业积极推进海外投资，探索研究建立海外种粮种豆基金，制定出台海外投资保险政策，使外向型发展的粮食和农产品企业获得较为稳定的资金来源，减少企业海外投资风险。

2.增强“走出去”和“运回来”能力

鼓励各类企业根据市场规律，有序开展农业对外合作，通过大量海外屯田、并购、合作经营、长期租赁等方式，扩大海外粮食生产能力和控制能力，在实践中逐步增强对国际粮食市场生产、流通和仓储等环节的掌控能力。理顺关系促进优质农产品“运回来”。对于在海外生产的、国内需求较大的一些优质、有机农副产品，可通过税收、配额、跨国原材料采购等方式，理顺优质农副产品运输回国的体制机制，逐步构建我国重要农产品国内国际双循环相互促进的机制。

3.着力布局和优化我国海外战略性要塞以保障正当权益

依托“一带一路”建设和RCEP实施，贯穿特定区域范围，布局我国粮食和农产品运输相关的干散货运港口的投资。积极参与或主导建设海外特定区域的要冲和港口，着力完善港口基础设施和配套设施。尝试寻求在欧洲、南美洲等更广区域的要冲和港口合作，积极参与全球主要重要农产品主力港口的升级改造工程，通过参与经营或者参股等方式互利共赢，参与港口相关运营和维护服务。

（二）深化重要农产品行业市场化改革，促进产业结构升级和绿色化发展

推动经济社会平稳健康发展，必须着眼国家重大战略需要，稳住粮食

生产和民生保障基本盘。2022年政府工作报告着重强调“保障粮食等重要农产品供应”，并将相关工作细分到部门和地方，强化了确保安全的主体责任。对于初级产品供应保障而言，要开源与节流“两手抓且两手都要硬”。

1.全面强化供应保障能力

从中长期看，我国粮食供需仍将处于紧平衡态势，确保粮食安全供应将是一场持久战。为此，要以增强自身生产保障能力的最大确定性有效对冲外部环境的不确定性，要把粮食的“饭碗”牢牢端在自己手中。关键是要苦练内功，增强国内粮食和农产品资源生产保障能力，完善国家粮食和农副产品物资储备制度。同时，要打击哄抬物价、囤积居奇等市场不正当竞争行为，努力保持物价水平基本稳定。要从源头保障，全面提升我国种业研发能力和服务质量，建立全国统一的种子研发、生产、销售等环节的标准体系，严格保护种子知识产权，提高自主研发能力，提升本土种子竞争力。从粮食生产安全保障来看，要落实“长牙齿”的耕地保护硬措施，严守18亿亩耕地红线，强化黑土地保护的法治保障，要把提高农业综合生产能力放在更加突出的位置。分类明确耕地用途，严格落实耕地利用优先序，明确永久基本农田重点用于粮食生产，高标准农田原则上全部用于粮食生产。2022年将完成建设高标准农田1亿亩的目标，累计建成高效节水灌溉面积4亿亩。在此基础上，要稳定和提高主销区粮食自给率，确保产销平衡区粮食基本自给，推进国家粮食安全产业带建设，深入实施优质粮食工程，提升粮食单产和品质，努力确保实现粮食播种面积稳定、产量保持在1.3万亿斤以上的目标。同时，要健全农产品全产业链监测预警体系，对播种、发芽、抗虫、产量等方面进行全程跟踪和数据采集，推动建立统一的农产品供需信息发布制度，分类分品种加强调控和应急保障。最为关键的是，要让农民种粮有利可图、让主产区抓粮食生产有积极性，适当提高稻谷、小麦最低收购价。构建以绿色化、生态化为导向的农业补贴政策体系。将直接价格支持政策改为加大对轮作休耕、绿色发展、环境保护、人员培训等方面的“绿箱”补贴政策。稳定玉米、大豆生产者补贴和稻谷补贴政策，实现三大粮食作物完全成本保险和种植收入保险主产省产粮大县全覆盖，健全种粮收益保障长效机制。

2.实施全面节约战略

全面节约战略就是要全面强化各类主体的节约意识、节能行动，体现在两个方面。在生产领域，要增强粮食生产企业主动节约、集约、循环利用资源的责任意识，多举措减少粮食机收损失，提高农机作业质量确保增产增收。在消费领域，要增强全民节约意识，倡导简约适度、绿色低碳的生活方式，尤其是节约粮食，反对餐饮铺张浪费。

（三）完善大宗农产品市场体系和监管体系，提升价格影响力

1.持续清理整顿现货市场，提高市场发育程度和影响力

对全国现有农副产品相关现货市场建设的布局、规模、功能等进行摸底排查，持续开展清理整顿，坚决取缔不符合要求且存在重大风险隐患的现货市场，促进相近区域、关联或相似品种现货市场进一步合并重组，以提高市场集中度，并通过新建扩建、合并重组等方式打造更加具有国际影响力的全国性或区域性现货市场。利用现代信息技术和物流技术，将互联网和物联网高度融合应用于大宗粮食和农副产品现货交易，促进现货交易竞买竞卖、交易过程全透明、可追溯，推动形成电子交易市场。

2.创新发展国内粮食和农副产品期货交易市场，逐步提高参与国际市场竞争的价格影响力

从市场准入、技术标准、服务规则等方面，提升国内四大商品期货交易所竞争力，推动交易所国际化进程，打造国际性粮食和农副产品期货交易中心，建立客观反映大宗粮食和农副产品市场供需关系的定价基准。推进人民

币结算的粮食和农副产品期货品种国际化，逐步扩大我国对全球粮食和农副产品价格形成的影响力。以需求为导向稳妥推进国内创新型粮食和农副产品期货品种上市，推进相关期权产品培育。完善粮食和农副产品期货市场交易制度，优化投资者构成结构，吸引优质的境外机构投资者参与国内期货市场发展，鼓励实体企业利用期货市场进行风险管理，同时降低粮食和农副产品相关实体企业参与期货市场的交易成本。支持期货交易所对接粮食和农副产品现货市场，加快在全球相关市场布局实物交割仓库。

3.健全统一市场监管体系，保障粮食和农副产品市场健康发展

健全期货市场法治体系，对期货交易涉及的民事法律关系、场外衍生品市场、期货投资者保护、期货市场对外开放等做出明确规定。强化针对粮食和农副产品的期货与现货市场联动监管机制建设和防范因存在监管空白导致商品市场风险与其他市场之间的交叉感染。引入现代化的市场监管方式方法，推动多个监管部门数据共享，要求粮食和农副产品期货和现货市场及时上传数据至监管平台，开展在线实时监测，严厉查处妨碍市场公平竞争的各类行为。将重要农产品期货、现货市场交易信用信息纳入企业和公民信用信息管理系统。充分发挥行业协会、商会等组织的积极作用，协力加强市场主体自律建设。全面完善信用惩戒机制，对售卖假冒伪劣农副产品和农用物资的企业严惩不贷，将其列入诚信黑名单，执行失信惩戒。

4.构建覆盖全过程的质量安全监管体系

建设质量安全标准公共信息服务平台，加强部门间数据资源共享整合，为社会各界提供准确、及时、权威、全面的农产品质量安全标准信息，建设重点领域重点品种追溯系统试点，完善全过程信息化可追溯体系建设。要明确农产品生产者是农产品质量安全的首要责任主体，食品生产经营者是食品质量安全的首要责任人，将安全监管的对象延伸至农业生产的源头环节。

（四）建立稳定重要农产品价格的长效机制，防范输入性风险抬头

1.建立权威的统一信息发布机制，加强市场预期引导

由相关主管部门和行业协会定期就国内外重要农产品生产、消费、储备、流通、贸易、价格、库存、期货持仓等各环节信息进行权威发布，建立科学的数据处理分析、预测预警模型，制定合理的风险分级与响应机制，特别是针对“黑天鹅”事件引发冲击的应急处置预案。合理运用政策工具引导企业及时调整粮食和农产品原材料采购与生产计划，鼓励企业通过期货市场套期保值减少风险敞口，有效对冲重要农产品价格波动导致的成本和收入大幅变化风险。

2.健全重要农产品多层次储备体系

在科学研判的基础上，不断优化储备物资的品种结构，根据需要适时调整物资储备的品种，有效提高响应能力。加大重要农产品储备的规模，加强猪肉、米、油、耐储蔬菜等重要生活必需品的储备力度，进而有效增强后期市场价格调控能力。加快推进多层次粮食和农副产品储备体系建设，完善政府储备、企业生产经营库存互为补充的储备体系。灵活运用市场机制，合理引导社会资本参与建设、运行和维护储备设施。构建科学高效的重要农产品储备信息管理系统，结合我国储备制度体系发展现状，统一标准和规则，满足大数据应用对基础设施建设和数据采集的要求，以推动重要农产品储备流程标准化为切入点，构建储备信息管理系统，提升动态管理水平。针对可能出现的粮食或农产品供给冲击，制定相应增加或释放储备的预案。着力提高储备调节的市场化水平，增强国内粮食和农副产品储备体系对国际市场的响应力和影响力。探索外汇储备与粮食和农产品资源储备相结合，适时将外汇储备转化为实物储备。

3.完善粮食和农副产品进出口调节机制

根据国际市场价格波动和国内供需情况，研究建立进出口关税税率调整机制，为稳定国内重要粮食和农副产品价格提供保障。针对走私商品进入国内流通、交易缺乏监管的突出问题，强化部门合力，集中开展专项严打行动，重点清理走私商品仓储和交易场所。扩大人民币在贸易和直接投资中的使用规模，与粮食和农产品资源出口国协商争取进口资源使用人民币计价和结算，以合理规避汇率变动引致的风险。

（五）防范系统性风险经由重要农产品期货市场发酵和蔓延

1.加强对股市、债市、汇市和重要农产品市场资金流向的布控

梳理重要农产品市场的风险敞口和可能的风险引爆点，争取在资金异动之前发现苗头，及时布控防患于未然，警惕个别市场主体过度加高杠杆行为对金融风险的放大效应。对投机性资金在粮食和农产品期货或现货市场恶意炒作行为加大打击惩戒力度。

2.削弱金融风险与实体经济之间的相互传导影响

合理控制粮食和农产品资源类大中型国有企业用于金融衍生品投资的预算规模，完善监管和交易信息披露机制，加强对国有企业套期保值操作效果的动态评估，防范资金借套期保值、风险管理的名义过度流向虚拟市场。

第六章
我国玉米产业发展现状及供需趋势分析

玉米作为世界三大谷物中产量最高的农作物，不但具有成熟快、亩产高、耐寒性强等特点，而且加工链条长、下游产品丰富，与居民生活水平提升密切相关。近年来，我国玉米产业呈现价格高、产量高和进口量高的特征。究其原因，主要是消费量、种植成本和国际粮价持续上涨，导致国内玉米需求增长快于产量增长、国内生产成本高于主要出口国的生产成本、玉米与大豆争地格局加剧，并且这种供需紧平衡趋势短期内难以改变。为推进玉米产业高质量发展，有效保障粮食安全，应进一步强化市场预期引导，增强农户抵御市场风险能力；优化玉米深加工产业布局，提升产业集约化程度；加强农业科技研发，完善大豆玉米带状复合种植技术；有效提高农业对外合作水平，提升进口保障能力。

一、我国玉米产业发展总体特征

（一）价格较高：近年来国内市场价格持续上涨并创历史新高

2018年以来，我国玉米价格已连续四年上涨。我国玉米集贸市场价格于2010年首次突破2 000元/吨，2014年达到2 468元/吨的阶段性高点，之后连续三年下降。从2018年开始，玉米价格止跌回升，2020年和2021年的同比涨幅分别达到11.8%和24.6%，2021年价格达到2 794元/吨的历史新高，较2 017年大幅上涨46.7%（图6-1）。

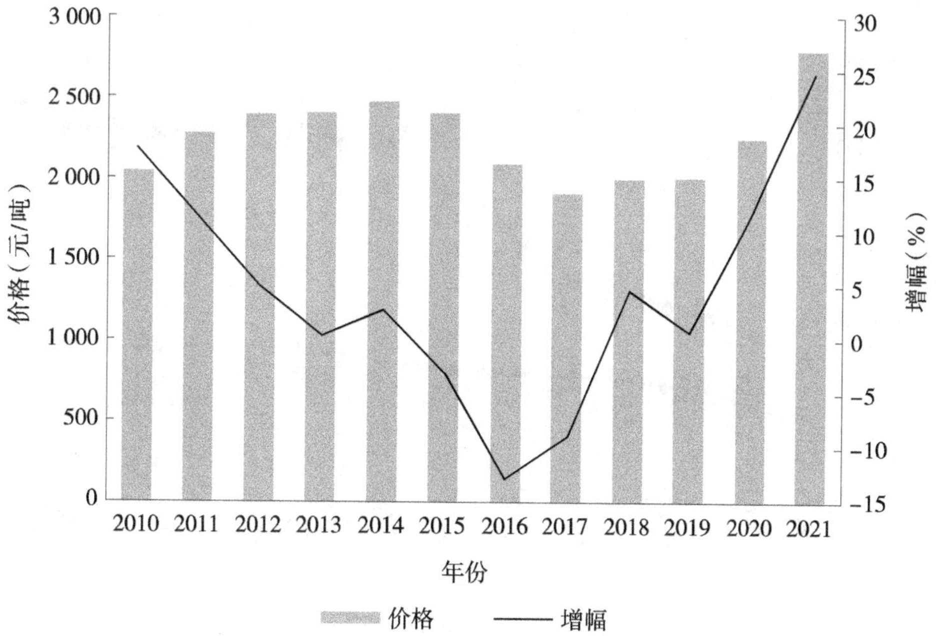

图6-1　2010年以来国内玉米集贸市场价格变化情况

（资料来源：Wind数据）

（二）产量高：近七年维持在2.55亿吨以上的高位

我国和美国地处全球两大玉米种植黄金带，既是世界上主要的两大玉米生产国，也是两大玉米消费国。2004年以来，我国玉米产量呈现总体较快上升态势，2012年以来，我国玉米产量一直保持在2亿吨以上。2011年，玉米产量首次超过稻谷，成为我国第一大粮食作物。2015年以来，玉米产量持续稳定在2.55亿吨以上的高位，2021年达到2.73亿吨，创历史新高。玉米产量的较快增长，成为推动我国粮食产量实现自2004年以来“十八连丰”的重要因素。2021年，我国粮食产量比2004年增加21 338.1万吨（图6-2），其中玉米的增产14 226.3万吨，占同期粮食增产量的2/3，为提升粮食安全保障水平作出了重要贡献。

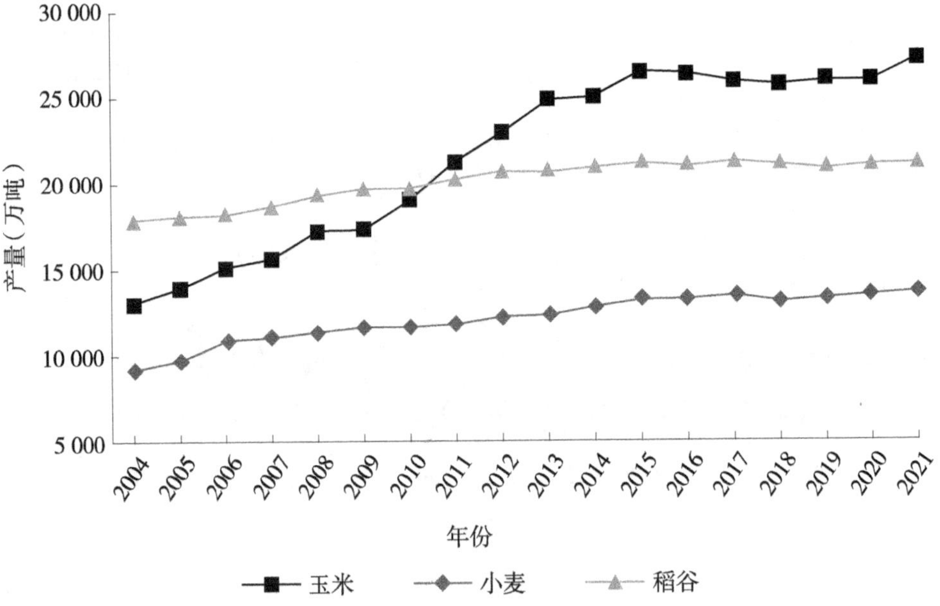

图6-2 2004年以来我国三大主粮产量变化情况

（资料来源：国家统计局数据库）

（三）进口量高：近五年进口规模持续增长且连续两年突破进口关税配额

21世纪初，我国曾是全球重要的玉米出口国，2003年玉米出口量达到1 640万吨，占当年全球玉米贸易量的18%左右。2010年，我国首次从玉米净出口国转为净进口国。2017年以来，进口规模持续扩大，2020年首次突破720万吨的进口关税配额，达到1 130万吨。2021年更是创纪录地达到2 835万吨，几乎相当于2010—2018年这9年的进口量之和（图6-3）。

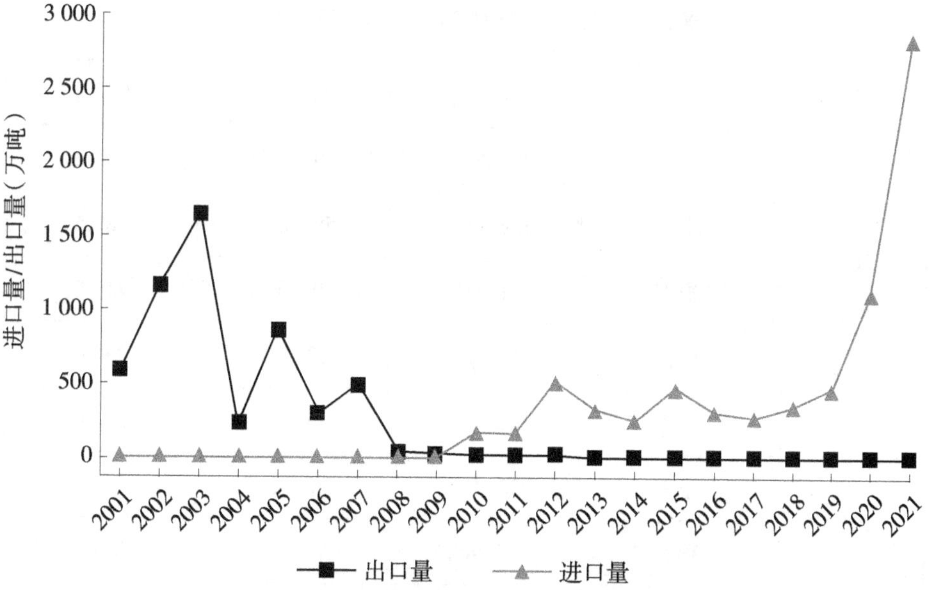

图6-3　2001年以来我国玉米进出口量变化情况

（资料来源：国家统计局数据库）

二、全球玉米生产和贸易格局变化情况

（一）玉米产量增长为全球粮食增产作出重要贡献

粮食产量主要由播种面积和单产水平决定。2020年，全球粮食播种面积为5.85亿公顷，比2000年的5.06亿公顷增长15.6%。而2020年全球粮食的平均单产水平达到305.3公斤/亩，比2000年提高了30.5%。其中，玉米产量和单产水平增长最快。2020年，全球三大主粮产量比2000年增长了9.04亿吨，其中，玉米增产规模达5.7亿吨，占总增产量的63.1%。单产增长幅度也是三大主粮中最高的，2020年的单产水平为383.6公斤/亩，比2000年增长95.4公斤/亩，增长幅度远高于小麦和稻谷的50.1公斤/亩和48.1公斤/亩（表6-1）。

表6-1 三大粮食作物全球平均单产变化情况

年份	品种	面积（万亩）	产量（万吨）	单产（公斤/亩）
2000	玉米	205 391.3	59 203.9	288.2
	小麦	322 398.2	58 499.9	181.5
	稻谷	231 002.9	59 866.8	259.2
	粮食	758 792.4	177 570.6	234.0
2020	玉米	302 975.5	116 235.3	383.6
	小麦	328 510.3	76 092.6	231.6
	稻谷	246 288.2	75 674.4	307.3
	粮食	877 774.1	268 002.3	305.3

资料来源：根据联合国粮农组织数据计算。

（二）全球玉米生产和消费较为集中

从全球看，玉米生产和消费均呈现较为集中的格局。美国、中国和巴西是全球最主要的玉米种植国，21世纪以来，3个国家的玉米产量占全球比重一直稳定在62%～70%，近年来虽有下降，但仍保持在62%以上（表6-2）。从消费看，美国、中国和巴西同样是全球最主要的玉米消费国，21世纪以来，3个国家的玉米消费量占全球比重一直稳定在56%～60%（表6-3）。

表6-2 全球玉米主要生产国生产情况

年份	美国消费量（万吨）	中国消费量（万吨）	巴西消费量（万吨）	全球消费量（万吨）	三国消费量占全球的比重（%）
2000	25 185	10 618	3 232	59 204	65.9
2001	24 138	11 426	4 196	61 515	64.6

续表6-2

年份	美国消费量（万吨）	中国消费量（万吨）	巴西消费量（万吨）	全球消费量（万吨）	三国消费量占全球的比重（%）
2002	22 777	12 019	3 594	60 355	63.6
2003	25 623	11 600	4 833	64 506	65.2
2004	29 988	13 043	4 179	72 952	64.7
2005	28 226	13 950	3 511	71 419	64.0
2006	26 750	15 173	4 266	70 794	65.2
2007	33 118	15 242	5 211	79 353	67.5
2008	30 591	16 603	5 893	82 979	64.0
2009	33 192	16 411	5 072	82 082	66.6
2010	31 562	17 754	5 536	85 279	64.3
2011	31 279	19 290	5 566	88 777	63.2
2012	27 319	20 572	7 107	87 556	62.8
2013	35 127	21 862	8 027	101 680	63.9
2014	36 109	21 581	7 988	103 990	63.2
2015	34 549	26 516	8 528	105 272	66.1
2016	41 226	26 378	6 419	112 745	65.7
2017	37 110	25 926	9 791	113 872	64.0
2018	36 426	25 735	8 237	112 426	62.6
2019	34 596	26 096	10 113	114 136	62.0
2020	36 025	26 088	10 396	116 235	62.4

资料来源：联合国粮农组织。

表6-3 全球玉米主要消费国消费情况

年份	美国消费量（万吨）	中国消费量（万吨）	巴西消费量（万吨）	全球消费量（万吨）	三国消费量占全球的比重（%）
2000	19 810	11 800	3 450	60 540	57.9
2001	20 094	12 330	3 480	62 201	57.7
2002	20 075	12 590	3 750	62 731	58.0
2003	21 164	12 840	3 630	64 550	58.3
2004	22 465	13 100	3 850	68 520	57.5
2005	23 206	13 700	3 950	70 389	58.0
2006	23 067	14 500	4 100	72 698	57.3
2007	26 163	14 900	4 250	77 195	58.7
2008	25 927	15 200	4 550	78 203	58.4
2009	28 159	16 500	4 700	82 282	60.0
2010	28 501	18 000	4 950	85 031	60.5
2011	27 903	18 800	5 050	88 316	58.6
2012	26 297	20 000	5 250	86 473	59.6
2013	29 297	20 800	5 500	94 885	58.6
2014	30 179	20 200	5 700	98 101	57.2
2015	29 879	21 750	5 750	96 801	59.3
2016	31 383	25 500	6 050	108 414	58.0
2017	31 398	26 300	6 350	109 045	58.7
2018	31 045	27 400	6 700	114 482	56.9
2019	30 955	27 800	6 850	113 617	57.7
2020	30 654	28 500	7 000	114 317	57.9
2021	31 536	29 100	7 300	119 888	56.7

资料来源：美国农业部。

（三）贸易量持续增长，美洲出口贸易优势地位持续保持

21世纪以来，全球粮食贸易规模持续扩大，其中玉米贸易量增长幅度最大。全球玉米出口量2020年为19 289.1万吨，是2000年的2.34倍，占全球三大主粮出口总量的比重也从2000年的36.9%上升至2020年的44.1%，是全球贸易量最大的农产品之一（图6-4）。

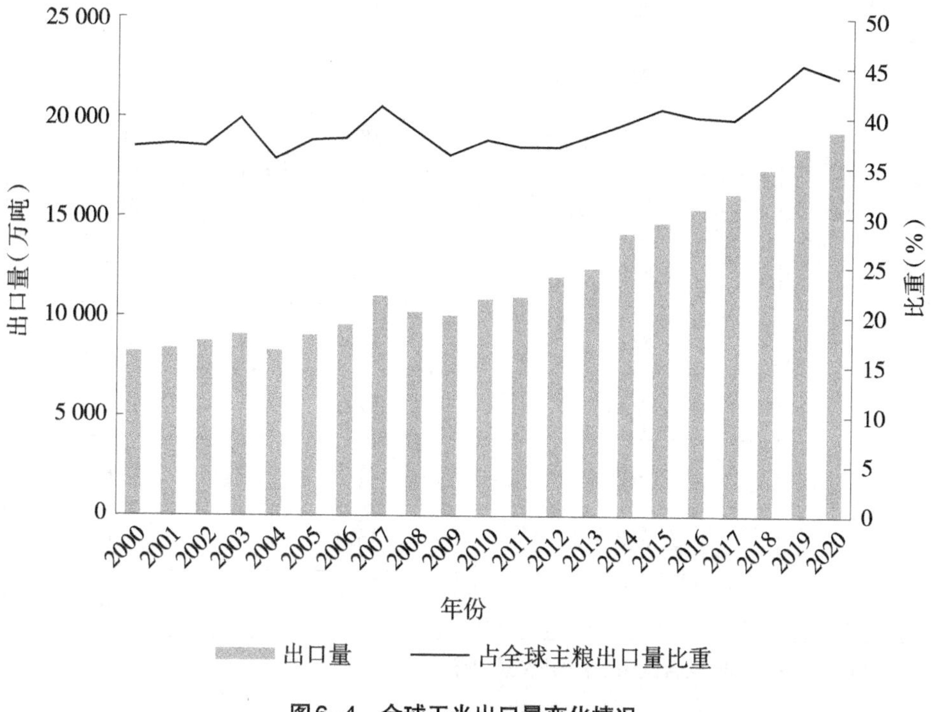

图6-4　全球玉米出口量变化情况

（资料来源：联合国粮农组织）

从主要出口地区看，美洲在玉米出口贸易的绝对优势地位一直无人撼动，2000年以来该地区出口量占全球的比重一直保持在70%左右。但从内部看，北美洲出口比重下降了约30个百分点，下降的这部分几乎被南美洲的增长所

填补。亚洲在2000年时还是重要的玉米出口地区，但到了2020年，其出口占比大幅降至2.4%，下降部分主要由欧洲出口的增长所填补。从主要进口地区看，亚洲是最主要的进口地区，进口占比虽有所下降，但2020年仍超过45%。欧洲2020年进口量占比比2000年上升约6个百分点，正好填补了亚洲下降部分，美洲和非洲进口量占比大体保持稳定（表6–4）。

表6–4 各大洲玉米进出口贸易占全球玉米贸易比重变化情况 单位：%

贸易方式	地区		2000年比重	2020年比重
出口	美洲		72.2	68.6
	其中	北美洲	58.6	28.7
		南美洲	13.6	39.8
	欧洲		13.5	31.7
	亚洲		13.2	2.4
进口	亚洲		51.6	45.7
	美洲		21.5	22.4
	欧洲		15.0	21.0
	非洲		11.9	11.6

资料来源：根据联合国粮农组织数据计算。

（四）国家层面出口集中度较高，进口相对较为分散

从国家层面看，美国、阿根廷、巴西和乌克兰是全球的主要玉米出口国。2020年，美国、阿根廷、巴西和乌克兰的出口量分别达到5 183.9万吨、3 688.2万吨、3 443.2万吨和2 795.2万吨，四国出口量之和占全球出口总量的78.3%，玉米出口的集中度很高（图6–5）。

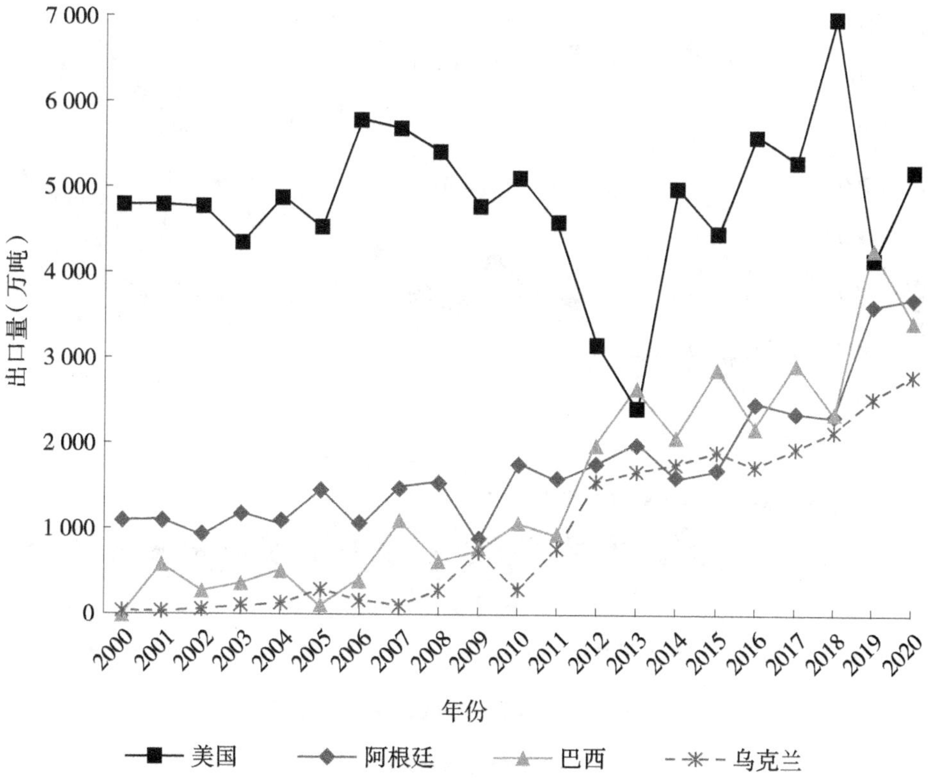

图6-5　主要国家玉米出口量变化情况

（资料来源：根据联合国粮农组织数据计算）

进口方面则相对较为分散。总体看，日本、韩国和墨西哥一直是全球主要的进口国，进口规模稳中有升，2020年的进口量分别为1 577.0万吨、1 166.4万吨和1 595.3万吨。越南从2011年开始进口量快速增长，2020年进口量达到1 214.5万吨，是2011年的13.8倍。中国从2019年开始进口规模也有所扩大。上述五国2020年玉米进口量占全球总进口量的比重为38.5%，若加上之后的西班牙、埃及、伊朗、哥伦比亚和意大利五国，则十国进口占全球总进口量的比重为57%，与出口相比，进口的集中度相对较低（图6-6）。

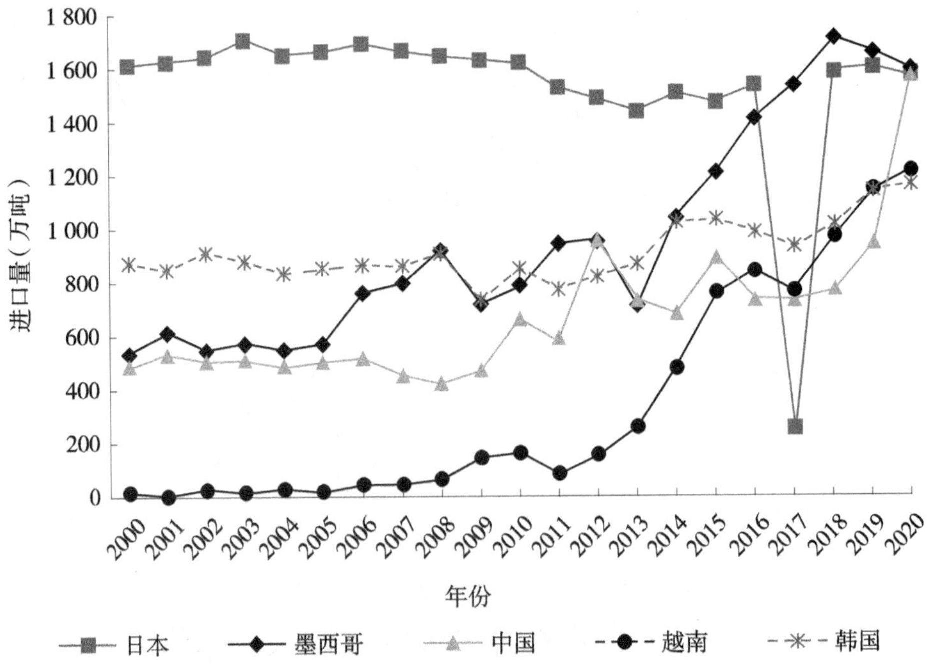

图6-6　主要国家玉米进口量变化情况

（资料来源：根据联合国粮农组织数据计算）

三、我国玉米价格支持政策的演变

（一）临时收储政策

2007年，针对玉米价格下跌和“卖难”等问题，我国在东北三省和内蒙古自治区开始实施玉米临时收储政策，该政策对于促进玉米种植产生积极作用，2015年的产量比2008年增长9 913万吨，增幅超过59.7%。

但由于该政策本就是为了应对金融危机而采取的“临时性应急措施”，在较长时间的实施过程中必然会出现一些问题。如，临时收储价格持续上涨，从最初的1 500元/吨逐步上涨至2014年的2 240元/吨，在大量增加补贴影响成本收益和生产周期关系的情况下，玉米生产打破了“两丰一平一减”的生产周期，产量持续增长，不具有可持续性，只是延迟了下行的周期。特别是当国内外玉米价格严重倒挂，国内玉米库存高企，财政负担较重，下游加工企业原料成本上升、经营困难等问题并存时，临时收储政策存在的问题就愈发凸显，改革也就势在必行。

（二）市场化收购加补贴

在农业供给侧结构性改革的大背景下，随着玉米产量快速增加、政府库存压力越来越大、国内外价格倒挂情况越来越严重等，2016年，国家根据“市场定价、价补分离”的原则，取消了实行九年的玉米临时收储政策，同时建立了玉米市场化收购加补贴的新机制。

在该机制下，玉米价格由市场供需双方来确定，国家不参与价格的形成，政府对玉米主产区给予一定补贴，由各省区制定具体的补贴实施方案，保障优势产区玉米种植收益基本稳定，同时鼓励各类市场主体进入收购市场，为农产品买卖营造公平有序的市场环境。该政策实施以来，玉米临时储备拍卖规模迅速扩大，深加工产能快速增长，2016—2018年的拍卖量分别达到2 182万吨、5 873万吨和10 014万吨，累计消化临时储备库存超过1.8亿吨，目前临时储备库存已基本清空。

四、我国玉米产业发展面临的三大“常态”

（一）需求增长快于产量增长成为常态

近年来，玉米产量呈总体上升态势，但与消费量相比，产量增速明显不及消费量增速（图6-7）。2017年以来，我国玉米市场持续多年产量大于消费量的市场格局被打破，产不足需的趋势愈发明显。2021年，玉米产量为27 255万吨，比2015年增加756万吨，而2021年玉米消费量则达到28 848万吨，比2015年增长了8 950万吨（图6-7）。

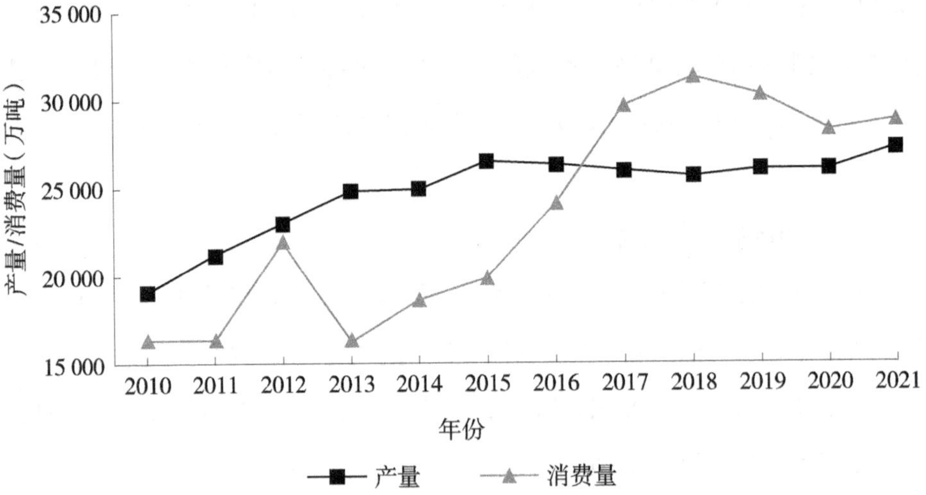

图6-7　2010年以来我国玉米产量和消费量变化情况

（资料来源：Wind数据）

玉米的消费量之所以会快速增长，主要是因为玉米产业链较长，使得饲料消费量和工业消费量不断增长。玉米产业链主要包括种植、贸易、加工、流通消费等多个环节，每个环节又包括若干配套产业。如种植环节又包括育种、农资、农机等，贸易环节又包括收购、交易中心、期货市场等。加工环节又包括饲料加工和深加工，深加工又包括生产淀粉、酒精、玉米粉、淀粉糖、发酵品等。同时，随着科技的发展，又不断衍生出麦芽糖、山梨醇、木糖醇、抗消化淀粉等附加值更高的新产品（图6-8）。

近年来，随着居民生活水平的提升，饮食结构在发生变化，对于肉禽蛋奶等农副产品的需求持续增长，从而推动了玉米作为养殖饲料需求的大幅增长。同时，近年来玉米加工产业实现较快发展，淀粉、酒精、燃料乙醇等深加工产能持续扩大，成为拉动玉米消费快速增长的重要动力。2021年，我国玉米用于饲料和工业的消费量分别达到17 510万吨和9 150万吨，分别占当年总消费量的60.7%和31.7%，直接用于居民食用的消费量仅占3.1%（表6-5）。

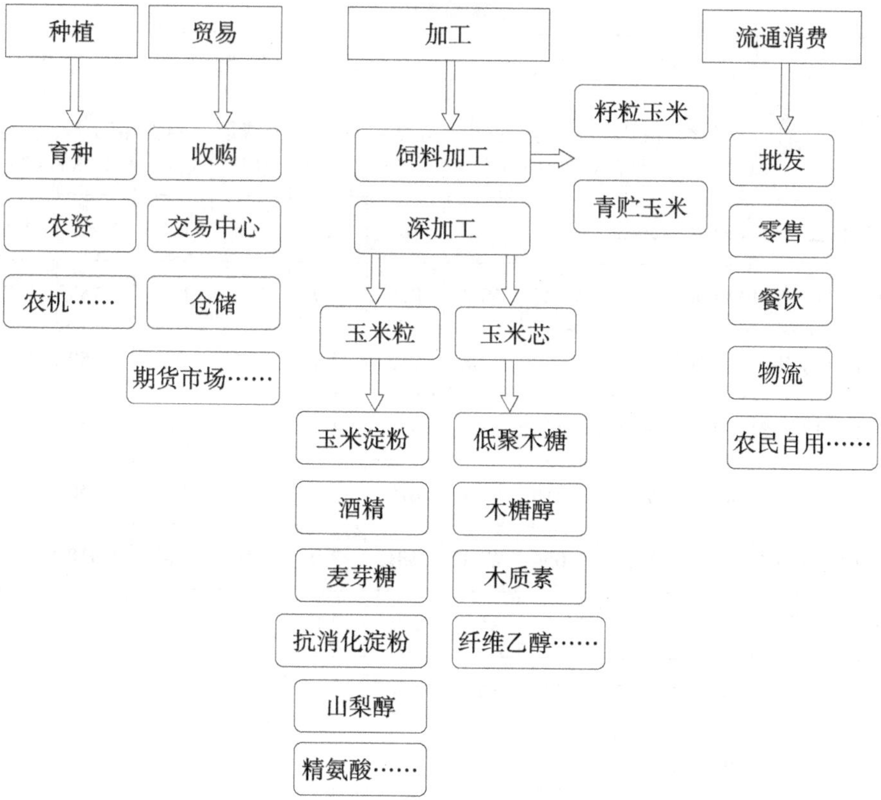

图6-8　玉米主要产业链示意图

（资料来源：作者根据相关公开资料整理）

表6-5　2010年以来我国玉米分用途消费量变化情况

年份	总消费量（万吨）	饲料		工业		食用		种用		消耗	
		消费量（万吨）	占比（%）	消费量（万吨）	占比（%）	消费量（万吨）	占比（%）	消费量（万吨）	占比（%）	消费量（万吨）	占比（%）
2010	16 351	9 863	60.3	4 510	27.6	759	4.6	165	1.0	1 054	6.4
2011	16 346	9 654	59.0	4 750	29.0	761	4.7	142	0.9	1 039	6.4

续表6-5

年份	总消费量（万吨）	饲料		工业		食用		种用		消耗	
		消费量（万吨）	占比（%）	消费量（万吨）	占比（%）	消费量（万吨）	占比（%）	消费量（万吨）	占比（%）	消费量（万吨）	占比（%）
2012	22 054	15 578	70.6	4 570	20.7	789	3.6	116	0.5	1 001	4.5
2013	16 389	10 090	61.6	4 124	25.2	810	4.9	110	0.7	1 255	7.7
2014	18 698	12 226	65.4	4 080	21.8	830	4.4	112	0.6	1 450	7.8
2015	19 898	11 967	60.1	5 420	27.2	850	4.3	111	0.6	1 550	7.8
2016	24 119	14 878	61.7	6 610	27.4	870	3.6	111	0.5	1 650	6.8
2017	29 703	18 740	63.1	8 054	27.1	881	3.0	110	0.4	1 918	6.5
2018	31 353	18 179	58.0	9 830	31.4	885	2.8	109	0.3	2 350	7.5
2019	30 338	18 109	59.7	9 243	30.5	888	2.9	110	0.4	1 988	6.6
2020	28 420	16 540	58.2	8 900	31.3	889	3.1	113	0.4	1 978	7.0
2021	28 868	17 510	60.7	9 150	31.7	889	3.1	119	0.4	1 200	4.2

资料来源：Wind数据。

（二）国内生产成本高于主要出口国生产成本成为常态

由于受自然条件、种植规模、经营方式等多种因素综合影响，我国的玉米种植成本明显高于美国、巴西、阿根廷等玉米生产大国水平，国内外价格倒挂也成为近年常态。总体看，国外玉米平均出口价格仅为国内农产品集贸市场玉米价格的50%～60%，包括国际运费在内的到岸价约为国内价格的65%～75%。在全球海运价格大幅上涨的2021年，到岸价也仅为国内价格的76%。在2021年进口规模大幅度突破关税配额后，其平均完税价才与国内价格基本相当（表6-6）。

表6-6　国内外玉米价格比较

年份	农产品集贸市场价格（元/吨）	国际玉米平均出口价格（元/吨）	国际价格/国内价格（%）	进口玉米到岸价（元/吨）	到岸价/国内价格（%）	进口玉米到岸完税价（元/吨）	完税价/国内价格（%）
2010	2 045	1 338	65.4	1 755	85.8	2 100	102.7
2011	2 276	1 907	83.8	2 260	99.3	2 680	117.8
2012	2 389	1 905	79.7	2 216	92.8	2 627	110.0
2013	2 402	1 613	67.1	1 906	79.4	2 270	94.5
2014	2 468	1 252	50.7	1 539	62.4	1 859	75.3
2015	2 394	1 101	46.0	1 296	54.1	1 591	66.5
2016	2 088	1 143	54.7	1 327	63.6	1 614	77.3
2017	1 904	1 120	58.8	1 383	72.6	1 662	87.3
2018	1 993	1 096	55.0	1 392	69.8	1 861	93.4
2019	2 007	1 213	60.5	1 516	75.5	2 210	110.1
2020	2 243	1 251	55.7	1 528	68.1	2 192	97.7
2021	2 794	1 700	60.8	2 121	75.9	2 820	100.9

资料来源：Wind数据。

较高的生产成本与近年来人工费用和土地流转价格上涨密切相关。2020年平均雇工价格为124.6元/日，比2015年上涨24.4%，使用每亩土地的平均成本也从2017年的210.3元/亩上涨至2020年的249.5元/亩，涨幅达18.6%（表6-7）。调研中发现，近年来土地经营权承包合同往往是一年一签，拥有土地承包权的农户会视前一年种粮收益情况“待价而沽”，粮价上浮或国家政策补贴力度加大，都会同步推动地租上涨。较高的生产成本导致2015—2019年种植玉米的每亩净利润均为负，2020年，玉米平均出售价格比2019年大涨29%，才终于实现利润由负转正。

表6-7　玉米成本收益情况

年份	主产品产量（公斤/亩）	平均出售价格（元/50公斤）	产值合计（元/亩）	总成本（元/亩）	总成本			雇工工价（元/日）	净利润（元/亩）	每亩成本利润率（%）
					物质与服务费用（元/亩）	人工成本（元/亩）	土地成本（元/亩）			
2015年	488.8	94.2	949.5	1 083.7	376.2	468.7	238.8	100.2	-134.2	-12.4
2016年	480.3	77.0	765.9	1 065.6	369.6	458.1	237.9	99.9	-299.7	-28.1
2017年	501.5	82.2	850.7	1 026.5	375.0	441.2	210.3	102.4	-175.8	-17.1
2018年	487.0	87.8	881.5	1 044.8	383.8	433.5	227.5	108.6	-163.3	-15.6
2019年	503.9	89.6	928.9	1 055.7	390.2	424.8	240.7	105.6	-126.8	-12.0
2020年	502.6	115.6	1 187.8	1 080.0	392.5	438.0	249.5	124.6	107.8	10.0

资料来源：《全国农产品成本收益资料汇编—2021》。

随着打工收入相对更快增长，粮农与农民工的收入比已由1990年的1∶5下降至2019年的1∶10，种粮比较收益持续下降。同时，粮价作为百价之基，特别是玉米产业链条较长，价格上涨过快将显著推高饲料、淀粉、酒精等下游企业生产成本，进而推高物价水平。因此，在稳定玉米价格、保障农民种植收益、维护种粮积极性的同时，如何控制下游加工企业成本，是一个急需解决的重要问题。

（三）大豆与玉米消费量齐涨、播种面积此消彼长成为常态

我国耕地数量有限，大豆与玉米争地问题由来已久，随着两种作物消费量均较快增长，争地情况进一步加剧。2021年，我国大豆消费量接近1.2亿吨，比2015年增长2 571万吨，产需缺口首次突破1亿吨（表6-8），进口量约占全球贸易量的60%。为促进大豆生产恢复发展、提升自给水平，2019年我国实施大豆振兴计划，连续两年实现大豆产量较快增长，同期玉米产量下降，

2021年大豆和玉米产量则一降一升，争地关系显现无疑。

表6-8　2015年以来我国大豆消费量与产量变化情况　　单位：万吨

年份	消费量	产量	产需缺口
2015	9 346	1 051	8 295
2016	11 016	1 185	9 831
2017	10 996	1 530	9 466
2018	9 675	1 570	8 105
2019	11 000	1 695	9 305
2020	11 590	1 759	9 831
2021	11 917	1 655	10 262

资料来源：Wind数据。

从播种面积看则更加清晰。2015年以来，玉米和大豆播种面积之和基本稳定在7.5亿～7.7亿亩，二者内部存在此消彼长的关系（图6-9）。2019年实

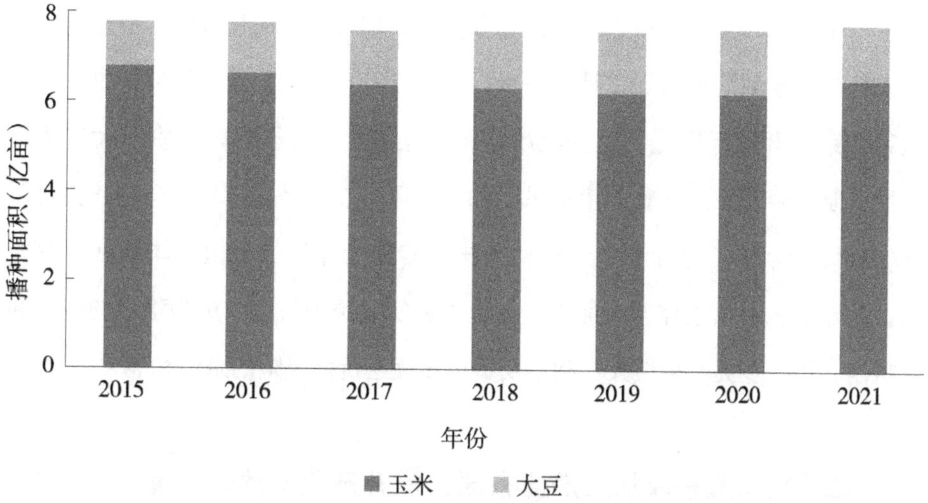

图6-9　我国玉米和大豆播种面积变化情况

（资料来源：Wind数据）

施的大豆振兴计划，推动大豆播种面积增加1 381万亩，同期玉米播种面积减少1 269万亩。之后玉米价格持续上涨，农民种植玉米意愿增强，使得2021年大豆播种面积减少2 200万亩，玉米播种面积增加约3 000万亩。这种争地格局随着两种作物消费量的持续增长，短期内难以彻底改变。

五、提升玉米产业国际竞争力的政策建议

（一）强化市场预期引导，增强农户抵御市场风险能力

在玉米临时储备库存基本清除的新形势下，政府对玉米市场价格的调控主要通过三个渠道。首先，通过中国储备粮管理集团有限公司适时适价的玉米轮换收储和拍卖来调节市场供需。其次，通过加大玉米进口量来满足市场需求。再次，通过拍卖稻谷和小麦来形成对玉米的替代。未来，应进一步强化对市场预期的引导，并在价格波动幅度加大情况下，增强农户抵御市场风险的能力。

一是完善信息收集与发布机制，及时发布种植意向、播种面积、收割进度、市场供求、支持政策、收储拍卖等信息，增强信息的权威性和准确性，提升引导市场预期的能力。二是进一步探索建立符合本地特点的标准化农业保险运行体系，开发标准化农业保险产品，建立健全农业再保险和农业大灾风险分散机制，降低农民面临的市场风险和自然风险。三是支持粮食仓储社会化服务，鼓励玉米加工企业与玉米种植大户、专业合作社等种植主体开展订单农业，构建玉米种植主体与深加工企业更为紧密、更为长期、更为稳定的利益联结机制，进一步提升种植大户利用期货市场规避价格风险的意识和能力。

（二）优化玉米深加工产业布局，提升产业集约化程度

作为饲料加工原料，玉米与稻谷和小麦之间存在一定替代关系。随着玉米价格高涨，部分企业使用稻谷和小麦做替代饲料。但若替代规模较大，则

可能影响到口粮安全。因此，玉米深加工产业必须处理好产业发展与粮食安全的关系，产业发展必须服务于国家粮食安全。在我国已形成较大规模玉米深加工产能的情况下，未来应重点在优化产业布局、提升产业集约化程度等方面下功夫。

一是优化深加工产业布局，依托东北、山东等玉米主产区和广东、山东等玉米主销区优势，提升玉米深加工龙头骨干企业带动作用，强化专业化协作和配套能力，促进产业集群发展，增强集群竞争优势。二是提升产业集约化发展水平，通过设备更新、技术改造、兼并重组等方式，加快淘汰落后产能，推动企业进一步降成本、提技术、增品种、创品牌。三是延长产业链条，由生产淀粉、酒精、玉米粉等产品逐步拓展至麦芽糖、山梨醇和各类氨基酸等附加值更高的产品，努力构建与下游饲料、油脂和生物制药等紧密衔接的深加工产业链条。

（三）加强农业科技研发，完善大豆玉米带状复合种植技术

21世纪以来，科技进步对农业发展的贡献度已明显超过土地、资本和劳动力等传统生产要素，全球粮食增产的70%来自科技带来的单产提高。未来，解决玉米与大豆争地问题，乃至实现更高水平的粮食安全保障，从根本上都需要农业科技的持续进步和全面支撑。

一是坚持农业科技自立自强，深入开展乡村振兴科技支撑行动，加大对农业基础性、战略性、前沿性研究领域投入力度，完善以市场需求为导向的农业科技研发机制，加快实施农业生物育种重大科技项目，加强农业科技人才培育和农村科技推广工作体系建设，持续提升农业质量效益和竞争力。二是进一步探索完善大豆玉米带状复合种植技术，在适宜品种、适宜机具、适宜除草剂等环节进一步完善提升，最大限度发挥该模式潜力，推进玉米和大豆产业兼容、协调发展。

专栏6-1

大豆玉米带状复合种植技术

大豆和玉米都是我国需求量很大的重要农产品，仅靠单作难以满足需求，二者之间相互争地是长期困扰国内粮食安全的一大难题。有数据显示，当前我国玉米种植面积约6.5亿亩，大豆种植面积约1.4亿亩。2021年进口大豆占全国总需求的85.5%，按照本土大豆平均亩产130公斤计算，如要实现1亿吨大豆的进口替代，全国需要7.69亿亩耕地。为破解耕地资源制约，2022年中央一号文件提出，大力实施大豆和油料产能提升工程，在黄淮海、西北、西南地区推广玉米大豆带状复合种植。2022年，农业农村部发布《2022年黄淮海地区大豆玉米带状复合种植技术意见》，从优选品种、合理配置、机械播种、合理施肥、除草控旺、统防病虫、机械收获等方面进行了技术指导，努力提高带状复合种植的规范化、标准化、高效化水平，确保一播全苗，力求实现“玉米基本不减产，增收一季大豆”的目标。

大豆玉米带状复合种植技术是基于传统的玉米大豆间套作模式上的技术创新。技术具有占地少、高产出、机械化、可持续、抗风险等优势，在保证玉米稳产的基础上，增收一季大豆，既增加农民收入，又在不减粮的前提下增加优质食用大豆供给。根据有关专家测算，粒用玉米大豆带状复合种植、鲜食玉米大豆带状复合种植和青贮饲用玉米大豆带状复合种植等，较单作玉米每亩利润分别增加372元、1 300元和1 100元。并且，该技术还具有生态效应。相对传统玉米甘薯套作，该技术可减少土壤流失量10%以上；相对传统单作，带状复合种植可增加土壤有机质含量20%、增加土壤总有机碳7.24%、增加作物固碳能力18.6%；同时，利用生物多样性、分带轮作和小株距密植降低病虫草害发生，农药施药量降低25%以上，用药次数减少3～4次。

（四）进一步提升进口保障能力，持续提高农业对外合作水平

从中长期看，随着居民消费水平的持续提升，粮食需求仍然呈刚性增长态势，紧平衡格局短期内难以改变。因此，必须更加积极合理地利用国际农产品市场和农业资源，提高统筹利用国内外市场与资源的能力。未来，关键在于处理好扩大进口与保障粮食安全的关系。

一是更加重视进口渠道的多元化，扩大进口国家范围，并通过提高高粱、大麦等进口规模，降低玉米消费增速。二是鼓励各类涉农企业有序“走出去”，从传统的海外租地向订单生产、与当地企业合资联营转变，并加快建立海外粮食生产和加工基地。三是夯实国内农产品期货市场基础，完善期货法规制度，加强国际规则对接，努力推动国内农产品期货交易中心从区域定价中心向全球定价中心发展。

第七章
我国大豆产业发展现状及供需趋势分析

大豆是优质的植物蛋白资源，也是健康的食用植物油资源。随着居民消费结构升级，对大豆需求快速增加，国内产需缺口不断扩大。作为世界上最大的大豆进口国和消费国，近年来我国大豆进口量占全球大豆贸易量的比重达60%左右。作为一种特殊农产品，大豆的贸易量大、产业链长、集中度高、影响面广，但由于历史、经济和资源环境等各方面的原因，我国大豆产业存在生产规模难以扩大、进口集中度高且缺乏国际定价权、外资对上下游产业链控制程度较高等问题。针对这些问题，应持续推进实施大豆振兴计划，从种植、加工、消费、进口和走出去等五个关键环节多管齐下，促进大豆生产恢复发展，提升国产大豆自给水平，立足资源禀赋和生产实际，形成进口大豆与国产大豆错位竞争、相互补充的格局。

一、我国大豆产业发展总体情况

（一）大豆振兴计划实施以来，我国大豆产量实现较快增长

我国的大豆生产曾在世界大豆生产格局中占有重要地位。1993年，我国大豆产量达到1 530万吨，超过阿根廷成为全球第三大大豆生产国，占全球大豆总产量的比重约为13%，当年还出口大豆127万吨，是全球大豆市场上

非常重要的生产国和供给方。但受种植收益、本土加工能力、耕地面积等方面的限制，大豆生产规模一直未能实现较大幅度的增长，之后的十多年来产量始终维持在1 300万～1 600万吨的水平。在2004年达到1 740万吨的峰值后，产量逐年下降，2015年降至1 237万吨的近年新低，相关于2007年的水平。

2019年，我国开始实施大豆振兴计划，努力扩大种植面积，提高单产水平，增加大豆有效供给。当年的大豆产量就增长了213万吨，超过了2004年的历史高点。2020年在此基础上又增长了150万吨，创造了1 960万吨的历史新高。2021年，受上一年度玉米价格上涨、农民扩种玉米意愿强烈，以及华北和东北等大豆主产区在生长期期间遭受不利天气、导致大豆单产小幅下滑等因素影响，大豆产量比2021年减少320万吨，同比下降了16.4%（图7-1）。

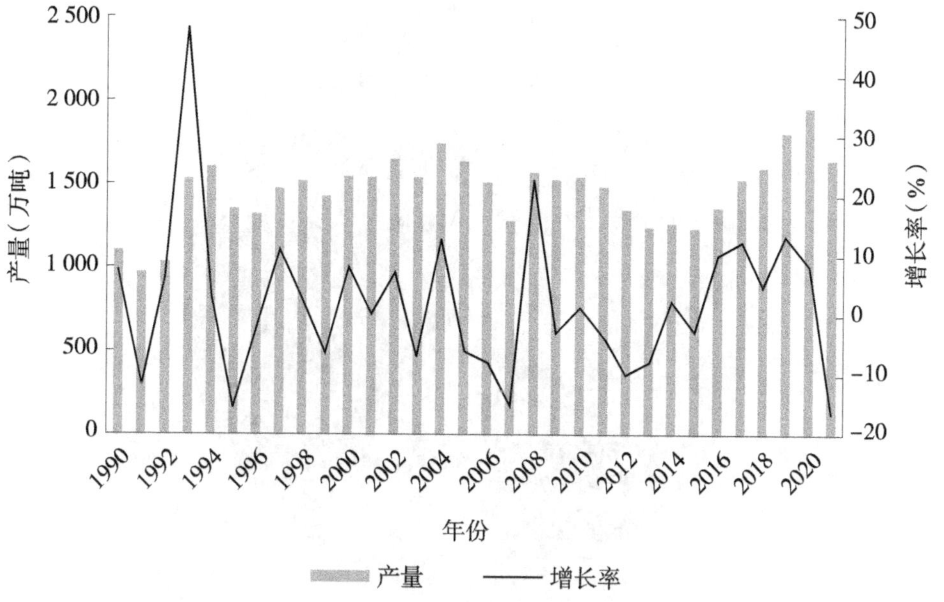

图7-1　我国大豆产量变化情况

（资料来源：国家统计局）

中央对大豆相对收益较低、农民种植意愿呈现下降态势的情况高度重视，提出要切实扩大大豆和油料生产。根据中央精神，2022年，黑龙江、吉林以及内蒙古等多省份明确提出要在2022年扩大大豆种植面积，特别是黑龙江省政府印发《2022年黑龙江省扩种大豆工作方案》，明确提出要大力实施大豆产能提升工程，坚持扩面积、提单产双轮驱动，2022年全省大豆种植面积和产量分别比2021年增加1 000万亩和26亿斤以上。可以预见，2022年我国大豆产量将实现恢复性增长。

从国内大豆生产布局看，大豆产能分布较为集中。黑龙江省是我国最大的优质大豆生产和供给基地，常年大豆种植面积占全国的40%以上，商品率达到80%以上。黑龙江、内蒙古、安徽和河南4省份的大豆产量之和占全国的60%以上（图7–2）。

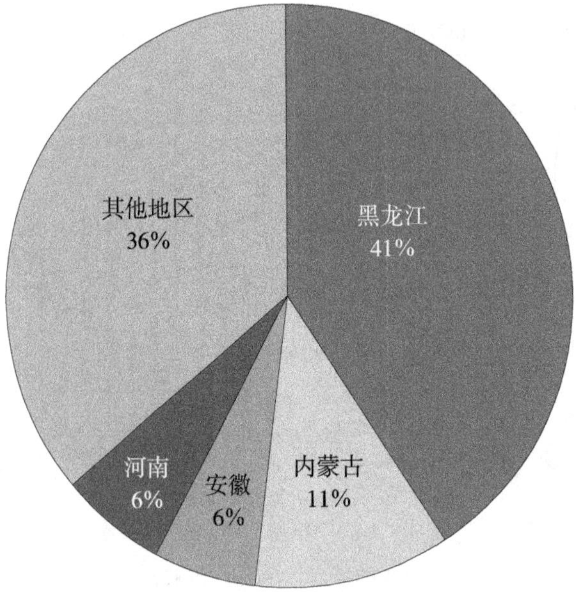

图7–2　2018年我国大豆主产省份产量占比情况

（资料来源：国家统计局）

（二）非转基因是我国大豆生产的最大特点

我国种植的大豆均为非转基因产品，这是与从美国、巴西、阿根廷等国进口大豆的最本质区别，我国也是世界上最大的非转基因大豆生产国。相对于转基因大豆，国产非转基因大豆具有亩产低、出油率低、脂肪含量低和蛋白质含量高的“三低一高”特点。因此，非转基因大豆在全球用量最大的压榨领域市场竞争力相对较弱，但在国内的豆腐和各类豆制食品方面的使用量较大。近年来，我国大豆的压榨消费量大体保持在8 600万～9 500万吨，食用消费量超过1 200万吨（表7–1）。

表7–1　我国大豆主要消费用途

年份	总消费量（万吨）	压榨		食用		种子		损耗及其他	
		消费量（万吨）	占比（%）	消费量（万吨）	占比（%）	用量（万吨）	占比（%）	用量（万吨）	占比（%）
2016	9 667	8 289	85.7	1 035	10.7	54	0.6	289	3.0
2017	10 811	9 290	85.9	1 118	10.3	64	0.6	339	3.1
2018	10 705	9 112	85.1	1 204	11.2	69	0.6	320	3.0
2019	10 293	8 672	84.3	1 253	12.2	78	0.8	290	2.8
2020	10 860	9 100	83.8	1 380	12.7	80	0.7	300	2.8
2021	11 326	9 500	83.9	1 420	12.5	76	0.7	330	2.9

资料来源：中国农业信息网年度估计值。

与其他大豆主要消费国相比，我国大豆消费中的压榨占比明显偏低。2010年以来，我国大豆压榨占比大多在85%左右，而美国、欧盟、巴西等大豆消费大国和地区的压榨占比均在90%以上。这一方面，与我国种植的非转基因大豆更适宜食用有关；另一方面，在我国的饮食结构中，豆制品一直是我国居民膳食中优质蛋白质的重要来源，深受大家的喜爱（表7–2）。

表7-2　中国与美国、欧盟、巴西大豆压榨比重比较

年份	中国			美国			欧盟			巴西		
	压榨量（万吨）	总消费量（万吨）	压榨量占比（%）	压榨量（万吨）	总消费量（万吨）	压榨量占比（%）	压榨量（万吨）	总消费量（万吨）	压榨量占比（%）	压榨量（万吨）	总消费量（万吨）	压榨量占比（%）
2007	38.1	48.4	78.7	49.8	54.3	91.7	14.8	16.2	91.4	29.7	32.7	90.8
2008	41.5	51.9	80.0	46.7	51.1	91.4	13.7	14.9	91.9	31.5	34.5	91.3
2009	44.5	55.0	80.9	46.1	50.9	90.6	12.3	13.5	91.1	31.8	34.8	91.4
2010	57.8	68.9	83.9	45.3	48.5	93.4	13.6	14.8	91.9	34.5	37.5	92.0
2011	60.1	71.1	84.5	44.2	47.5	93.1	12.1	13.3	91.0	36.5	39.9	91.5
2012	65.4	76.6	85.4	42.7	45.9	93.0	11.7	12.6	92.9	36.9	40.1	92.0
2013	68.4	79.5	86.0	46.0	49.0	93.9	12.2	13.2	92.4	37.0	40.1	92.3
2014	74.5	85.9	86.7	48.4	51.6	93.8	12.8	13.8	92.8	37.6	40.8	92.2
2015	80.3	93.2	86.2	51.4	55.1	93.3	14.8	15.7	94.3	40.0	43.1	92.8
2016	86.5	100.8	85.8	52.5	56.0	93.8	14.7	16.3	90.2	40.5	44.1	91.8
2017	95.0	110.8	85.7	52.8	56.6	93.3	14.5	16.2	89.5	42.0	45.7	91.9
2018	92.5	109.6	84.4	56.6	60.1	94.2	16.6	18.3	90.7	42.7	45.0	94.9
2019	84.5	102.2	82.7	57.3	60.8	94.2	15.9	17.6	90.3	43.8	46.5	94.2
2020	99.0	117.4	84.3	59.7	63.5	94.0	16.8	18.5	90.8	45.5	48.1	94.6
2021	97.0	116.7	83.1	59.6	62.8	94.9	15.9	17.6	90.3	47.7	50.4	94.6

资料来源：美国农业部年度预测。

二、全球大豆生产和贸易格局变化情况

（一）五国大豆产量约占全球的九成

全球大豆生产的集中度很高，美国、巴西和阿根廷三国的产量之和占全球产量的比重长期保持在80%左右。印度的大豆产量从2003年开始出现较快增长，2007年以来一直保持在1 000万吨左右，美国、巴西、阿根廷、中国、印度五国的产量之和，占全球产量的比重接近90%，集中度很高（表7-3）。

表7-3　全球主要大豆生产国产量及占全球产量比重

年份	美国		巴西		阿根廷		中国		印度		全球产量（万吨）
	产量（万吨）	占比（%）	产量（万吨）	占比（%）	产量（万吨）	占比（%）	产量（万吨）	占比（%）	产量（万吨）	占比（%）	
2000	7 505.5	46.5	3 282.1	20.3	2 013.6	12.5	1 540.9	9.6	527.6	3.3	16 130.8
2001	7 867.1	44.4	3 790.7	21.4	2 688.1	15.2	1 540.6	8.7	596.3	3.4	17 702.1
2002	7 501.0	41.5	4 210.8	23.3	3 000.0	16.6	1 650.6	9.1	465.5	2.6	18 095.1
2003	6 678.3	35.0	5 191.9	27.2	3 481.9	18.3	1 539.4	8.1	781.9	4.1	19 057.4
2004	8 501.6	41.4	4 955.0	24.1	3 157.7	15.4	1 740.2	8.5	687.6	3.3	20 554.8
2005	8 350.7	38.9	5 118.2	23.9	3 829.0	17.8	1 634.8	7.6	827.4	3.9	21 454.3
2006	8 700.1	39.3	5 246.5	23.7	4 053.7	18.3	1 508.2	6.8	885.7	4.0	22 155.9
2007	7 285.9	33.1	5 785.7	26.3	4 748.3	21.6	1 272.5	5.8	1 096.8	5.0	21 979.3
2008	8 074.9	34.9	5 983.3	25.9	4 623.8	20.0	1 554.2	6.7	990.5	4.3	23 122.3
2009	9 147.0	40.9	5 734.5	25.7	3 099.3	13.9	1 498.2	6.7	996.5	4.5	22 338.1
2010	9 066.3	34.2	6 875.6	25.9	5 267.5	19.9	1 508.4	5.7	1 273.6	4.8	26 508.8
2011	8 429.1	32.2	7 481.5	28.6	4 888.9	18.7	1 448.5	5.5	1 221.4	4.7	26 160.2
2012	8 279.1	34.3	6 584.9	27.3	4 010.0	16.6	1 301.1	5.4	1 466.6	6.1	24 133.7
2013	9 138.9	32.9	8 172.4	29.4	4 930.6	17.8	1 195.2	4.3	1 186.1	4.3	27 767.3
2014	10 687.8	34.9	8 676.1	28.3	5 339.8	17.4	1 215.5	4.0	1 037.4	3.4	30 630.1
2015	10 695.4	33.1	9 746.5	30.1	6 144.7	19.0	1 178.8	3.6	857.0	2.7	32 330.8

续表7-3

年份	美国		巴西		阿根廷		中国		印度		全球产量（万吨）
	产量（万吨）	占比（%）	产量（万吨）	占比（%）	产量（万吨）	占比（%）	产量（万吨）	占比（%）	产量（万吨）	占比（%）	
2016	11 693.2	34.8	9 639.5	28.7	5 879.9	17.5	1 279.2	3.8	1 315.9	3.9	33 594.5
2017	12 006.5	33.4	11 473.2	31.9	5 497.2	15.3	1 528.7	4.3	1 315.9	3.7	35 951.1
2018	12 051.4	35.0	11 791.2	34.2	3 778.8	11.0	1 597.2	4.6	1 093.3	3.2	34 473.2
2019	9 666.7	28.7	11 431.7	34.0	5 526.4	16.4	1 810.5	5.4	1 326.8	3.9	33 632.9
2020	11 254.9	31.8	12 179.8	34.5	4 879.7	13.8	1 960.4	5.5	1 122.6	3.2	35 346.4

资料来源：联合国粮农组织。

（二）大豆贸易的规模持续提升，集中度也在提高

全球大豆的产量不但快速增长，贸易量也同样实现快速增长。2020年，全球大豆出口量达到1.73亿吨，是2000年的3.66倍（图7-3），高于同期产量2.19倍的增长。

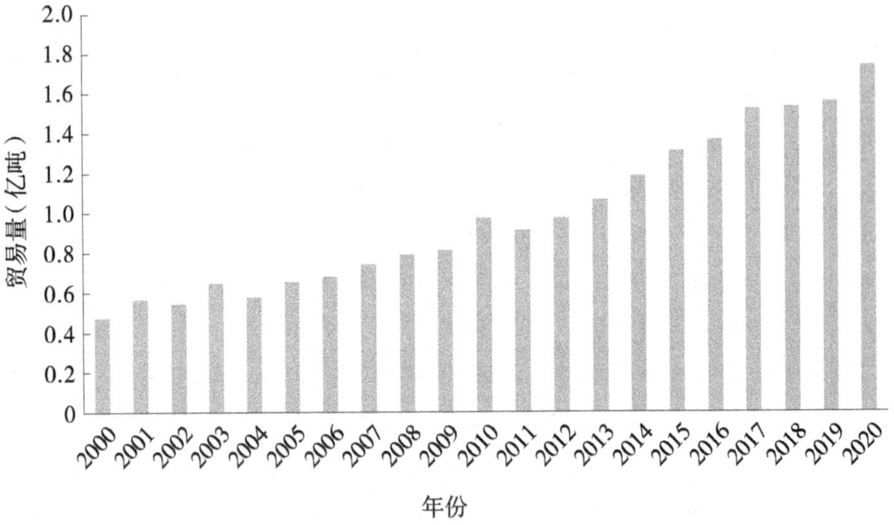

图7-3　全球大豆贸易量变化情况

（资料来源：联合国粮农组织）

全球大豆的出口主要集中在美洲，占全球出口总量的比重在90%以上，其中美国和巴西两国的占比之和超过80%。不过，近年来，美国的比重逐步下降，巴西占比持续上升。2000年，美国出口占比达到57.4%，是巴西24.3%占比的2倍多，之后巴西出口规模持续较快增长，2017年以来持续超过美国，成为全球第一大大豆出口国。2020年，美国和巴西的出口占比分别为37.2%和47.9%，巴西高出美国10.7个百分点（表7-4）。

亚洲和欧洲进口大豆之和占全球比重超过90%。其中，中国的进口规模从2000年的1 276.1万吨上升至2020年的超过1亿吨，进口量占全球比重也从2000年的26.3%提升至2020年的61.6%（表7-4）。过去十多年，受豆粕、大豆食用油和豆制品等与大豆直接相关产品消费需求的快速增长，我国大豆消费规模快速增长，是全球第一大大豆消费国和第四大生产国，在全球大豆生产贸易格局中占有重要地位。

表7-4　各大洲大豆进出口贸易占全球贸易比重变化情况　　单位：%

贸易方式	地区	2000年	2020年
出口	美洲	96.3	96.4
	北美洲	59.0	39.8
	美国	57.4	37.2
	南美洲	37.3	56.6
	巴西	24.3	47.9
进口	亚洲	50.3	76.4
	中国	26.3	61.6
	欧洲	34.6	12.9

资料来源：根据联合国粮农组织数据计算。

三、我国大豆价格支持政策的演变

2008年，大豆实施了与玉米类似的临时收储政策，以保护农民利益，提高农民种植的积极性，该政策一直实施到2013年。其间，由于大豆的亩产较玉米低很多，因此大豆的临时收储价格与玉米相比没有太多优势，从而降低了农民种植大豆的意愿。2008年我国大豆产量为1 450万吨，到2013年已降至1 275万吨，减少了175万吨。

针对上述问题，中央决定从2014年开始探索实施大豆目标价格政策。2014年中央一号文件提出，“探索推进农产品价格形成机制与政府补贴脱钩的改革，逐步建立农产品目标价格制度”，并启动了东北和内蒙古大豆、新疆棉花的目标价格补贴试点工作。目标价格政策是指农产品价格在市场机制形成的基础上，通过差价补贴保护生产者利益的一项农业支持政策。当市场价格低于目标价格时，国家根据目标价格与市场价格的差价，以及种植面积、产量或销售量等因素，对政策实施地区的生产者给予补贴，以保证农民收益，当市场价格高于目标价格时，则不发放补贴。

相对于棉花目标价格政策的成功，大豆的目标价格政策在实施过程中出现较多问题。一是进口规模持续扩大。与棉花类似，国内大豆种植成本高于国际市场，但由于大豆没有关税配额保护，因此在目标价格实施后，大豆进口规模依然难以控制，进口量从2014年的7 140万吨增至2016年的8 391万吨，国内大豆产业发展存在困难。二是农民种植意愿不高。由于大豆目标价格较低，加之玉米等农作物的比较收益相对更高，因此，东北和内蒙古地区农民种植大豆的意愿下降，种植面积减少。2014—2016年，我国大豆年均产量仅为1 245万吨，处于历史较低水平。三是对下游加工企业形成不利影响。由于大豆目标价格与农民的心理预期价格存在较大落差，一些农民存在惜售心理，在收割期囤货，希望后期市场价格能够出现上涨行情，从而使得大豆市场的购销节奏放缓，下游加工企业开工不足，行业整体景气度不高。

针对上述问题，2017年，大豆从目标价格政策调整为实行市场化收购加补贴的机制，以能够更有效地发挥市场机制作用，激发各类市场主体活力。市场化收购加补贴的政策实施以来，促进了大豆种植的快速恢复。一方面，2017年加大了大豆种植补贴力度，提升了豆农的积极性。另一方面，在中美贸易摩擦背景下，为扩大国内大豆生产、减少大豆进口规模，2018年各地对大豆的补贴力度大幅增加，一些地区大豆补贴在350元/亩以上，最高达到580元/亩。而玉米补贴在下降，多数地区在100元/亩以下，最高的不过125元/亩，最低每亩仅有20多元。2017年，在玉米产量下降的同时，大豆产量达到1 530万吨，比2016年增长近18%。之后，2019年我国开始实施大豆振兴计划，大豆产业进入新的发展阶段。

四、我国大豆产业发展面临的主要问题

（一）受进口冲击和种植面积约束等影响，国内大豆生产规模难以实现较大扩张

从目前情况看，转基因大豆对国内大豆产业已形成较大冲击，加之我国大豆种植面积有限，制约了我国大豆生产能力和潜力的提升。一方面，大规模进口转基因大豆凭借其价格低、出油率高等优势，在我国大豆压榨领域对非转基因大豆形成严重挤压，使得国产大豆的用途不得不集中在用量较小的食品加工领域。而非转基因大豆的蛋白质含量高、口感好、安全性高等优势却出于各种原因未能发挥出来，限制了市场需求，影响了国内农民种植大豆的积极性。另一方面，我国耕地资源有限，在“确保谷物基本自给、口粮绝对安全”的前提下，气候环境适宜且可供大豆种植的面积被限定在一定范围

内，限制了国内大豆生产的潜力。虽然近几年开展的农业供给侧结构性改革在对玉米种植面积进行调减的同时，扩大了大豆的种植面积，但从2018年出现当年新产玉米供不足需、玉米库存快速下降、加工产能快速上升等情况看，未来大豆和玉米相互替代轮作的情况将长期存在，大豆种植面积难以实现大规模扩张。根据规划，2020年我国大豆种植面积达到1.4亿亩，仅比2018年增加约1 300万亩。

（二）作为世界第一大大豆进口国，我国虽然进口量大、集中度高，却缺乏国际定价权

近年来，我国大豆消费量快速增长，2017年首次突破11 000万吨，而国内产量经历了先降后升的态势。因此，国内大豆供需缺口越来越大，进口规模也快速增长。2012年以来，我国大豆进口依存度一直保持在83%以上的高位，2017年进口规模首次超过9 000万吨，创历史新高（表7-5）。值得注意的是，我国大豆不但进口规模大，而且进口地非常集中。我国从巴西、美国和阿根廷三国进口的大豆规模之和，占我国进口大豆总量的比重常年保持在95%及以上（表7-6）。其中，美国作为我国第二大进口国，仅大豆贸易额就占到美国对我国农产品出口总额的近60%。如果这三国中的一国或两国出现突然减产、因贸易摩擦限制出口等情况，将会对我国大豆产业造成较大影响。

表7-5　我国大豆生产和进口情况

年份	产量（万吨）	进口量（万吨）	进口依存度（%）
2005	1 635	2 659	61.9
2006	1 597	2 827	63.9
2007	1 273	3 082	70.8
2008	1 450	3 743	72.1

续表7–5

年份	产量（万吨）	进口量（万吨）	进口依存度（%）
2009	1 405	4 255	75.2
2010	1 560	5 480	77.8
2011	1 410	5 264	78.9
2012	1 181	5 838	83.2
2013	1 275	6 335	83.2
2014	1 385	7 140	83.8
2015	1 051	8 168	88.6
2016	1 300	8 391	86.6
2017	1 530	9 554	86.2

资料来源：作者根据Wind相关数据整理。

表7–6 我国大豆主要进口国占比情况

年份	我国进口总数量（万吨）	自美国进口		自巴西进口		自阿根廷进口		自美国、巴西、阿根廷三国进口合计占比（%）
		数量（万吨）	占比（%）	数量（万吨）	占比（%）	数量（万吨）	占比（%）	
2005	2 659	1 105	42	795	30	740	28	99
2006	2 827	988	35	1 164	41	623	22	98
2007	3 081	1 157	38	1 058	34	828	27	99
2008	3 743	1 543	41	1 165	31	985	26	99
2009	4 255	2 181	51	1 599	38	374	9	98
2010	5 480	2 360	43	1 859	34	1 119	20	97
2011	5 264	2 235	42	2 063	39	784	15	97
2012	5 838	2 597	44	2 389	41	590	10	96
2013	6 335	2 221	35	3 181	50	612	10	95

续表7-6

年份	我国进口总数量（万吨）	自美国进口		自巴西进口		自阿根廷进口		自美国、巴西、阿根廷三国进口合计占比（%）
		数量（万吨）	占比（%）	数量（万吨）	占比（%）	数量（万吨）	占比（%）	
2014	7 140	3 003	42	3 201	45	600	8	95
2015	8 168	2 841	35	4 008	49	944	12	95
2016	8 391	3 417	41	3 821	46	801	10	96
2017	9 554	3 286	37	5 093	42	651	7	95

资料来源：2005—2016年数据来自Wind数据，2017年数据来自中国海关总署数据库。

同时，虽然我国进口了世界六成的大豆贸易量，却没有整体大豆定价权，国内企业不能直接参与国际定价，只能在CBOT从事期货交易，被动地接受CBOT设定的价格，形成“南美种豆、美国定价、中国买豆”的格局。一旦出现国外低价大豆超量进口的情况，国内传统大豆产业就会遭受重创。2010—2015年，我国大豆生产连续几年滑坡、自主生产能力持续下降就是明显例子。

（三）外资企业对我国大豆运输、加工等下游产业链的控制程度较高

从运输环节看，国际运输费用在进口大豆成本中占有较大比重，是国际大豆价格的重要影响因素之一。但多年来，国际大豆的出港、海运等大都被国际粮食巨头控制，国内企业参与度较低。如美国大豆生产集中在伊利诺伊、艾奥瓦、明尼苏达、印第安纳、内布拉斯加、俄亥俄等处于美国中北部的十个州，十州产量之和占美国总产量的80%以上。其出口海运主要依靠墨西哥湾港，从该港出口的大豆约占全美大豆出口量的80%；在FOB（船上交货价）贸易方式中，该港报价是最重要的报价方。巴西大豆生产集中在马托格罗索、巴拉那和南里奥格兰德等三个州，三州产量之和占巴西总产量的70%以上。

主要通过桑托斯港、巴拉那瓜港和里奥格兰德港出口，从这三个港口出口的大豆约占巴西出口量的60%。但多年来，这些重要港口的大豆收购、物流仓储、出港调配、海运报价等环节大都被国际粮商巨头控制，垄断了大豆国际贸易在运输环节的主要利润，国内企业难以参与其中，只能被动接受贸易方式和海运报价。

从加工环节看，大豆加工行业主要分为食用和压榨两大类，食用加工主要是制成豆制品，压榨加工主要形成豆油和豆粕。虽然随着科技的发展，大豆蛋白粉、卵磷脂、膳食纤维等深加工产品逐渐增多，但从用量规模看，这些方面对大豆的用量占比还很小。由于人民群众对肉食和油脂的需求日益增长，我国用于压榨的大豆比重越来越高。2017年，我国大豆压榨量约为8 700万吨，豆油产量约为1 600万吨。但从2004年以来，四大跨国粮商及相关外资企业在国内大豆市场一路“攻城略地”，已实际控制了我国大多数的进口大豆货源和大豆加工能力。并利用其原料采购的优势，不断加强对下游的油脂压榨（食用油）、饲料加工（豆粕）、畜禽水产养殖等产业的控制，形成了“控制全球原料市场、抢占期货市场定价权、借市场开放进入他国、控制他国全产业链”的路线图。据不完全统计，在我国上百家大型油脂企业中，有60多家为外资参股或控股，其中包括“益海嘉里”这样年压榨能力超过1 000万吨的食用油加工巨头。值得重视的是，近年来，外资企业进一步将控制力向食用浓缩蛋白、组织蛋白、糖蜜、卵磷脂等营养保健高附加值的产品延伸。

五、提升大豆产业国际竞争力的对策建议

（一）在种植环节，多管齐下提高大豆种植比较收益

针对当前国内大豆种植受进口大豆冲击严重、农民种植积极性不高等问题，应以提高种植比较收益为核心，激励国内农民种植大豆。一是通过良种

选育、密植栽培等技术研发和推广应用，加强新品种培育，增强国内大豆抗旱抗病水平，降低种植成本，提高单产水平。二是依托农业企业、农业专业合作社、家庭农场和种植大户等新型经营主体，重点在大豆和玉米主产区开展大豆玉米带状复合种植技术示范，实现稳产高产、节本增效和提质增效。三是加强农机农艺融合，提升生产全程的机械化水平，提升规模效应，完善农田水利建设，提高抗灾减灾和可持续发展能力。四是完善农业保险体系，鼓励大豆主产区因地制宜开发灵活多样、分层分类的特色农业保险品种，探索大豆农业保险从保物化成本向保收入、保价格转变。五是加大适宜盐碱地种植的大豆品种研发，在不同类型盐碱地区建设一批大豆种植示范基地，因地制宜推广耐盐碱新品种，提升大豆综合生产能力。

专栏7-1

挖掘盐碱地综合利用潜力　扩大大豆种植面积

盐碱地是我国土地资源的重要类型。盐碱土是指土壤含有过量可溶性盐类（一般大于0.1%），对植物生长有抑制作用的土壤。2011年农业部在全国开展了盐碱土治理调查，结果显示我国可利用盐碱土总面积2.99亿亩，其中盐碱地1.14亿亩。2020年公布的第三次全国国土调查结果显示，我国共有盐碱地约1.15亿亩。2022年中央一号文件指出，积极挖掘潜力增加耕地，支持将符合条件的盐碱地等后备资源适度有序开发为耕地。

挖掘盐碱地综合利用潜力，扩大大豆种植面积，成为科技领域的一项重要技术攻关。经过科研人员多年的努力，通过生态化利用和种业创新，从治理盐碱地适应植物，到选育耐盐碱植物适应盐碱地，我国某科研机构选育出“齐黄34”大豆品种，该品种具有高产、稳产，高蛋白质、高脂肪、高豆腐产出率、高腐竹产出率，抗病、耐旱、耐涝、耐盐碱，适应性广，适合机械化生产，适合带状复合种植等特点，在3.5‰以下中轻度盐碱地种植取得高产突破，亩产超过300公斤，为利用盐碱地扩大大豆种植面积提供了思路和技术支撑。

（二）在加工环节，推动产业链向精深加工环节延伸

大豆企业应更加注重研发和创新，培育豆类产业新增长点，着力提高企业附加值和竞争力。一是科学谋划产业布局，通过政策引导、技术创新，推动大豆相关产业提质升级。二是有效整合行业协会、科研机构、龙头企业等各方面力量，强化产学研合作，建立大豆产业的协同创新发展机制。三是进一步扩大大豆在生物医药、营养保健、高端食品等方面的应用和产品，推动产业链向精深加工环节延伸。

（三）在消费环节，着力打造非转基因大豆的中国品牌

作为世界上最大的非转基因大豆种植国，我们应进一步挖掘和大力宣传非转基因大豆的特点，形成与国外主要大豆生产国的错位发展优势。一是发挥和整合好相关部门、行业协会、大中型企业和媒体舆论等各方作用，突出非转基因大豆的优势和特点，合力打造面向全球的天然基因、蛋白丰富、优质安全、口感更佳的“中国大豆”品牌形象。二是以法律法规形式，强制要求大豆食品生产商对各类豆制品中的转基因成分及含量进行标注，让消费者知晓并自行选择是否购买含转基因的大豆产品。三是加强对大豆种子研发、生产种植和贸易加工等全过程的监管，确保我国大豆固有的非转基因特性，防止转基因大豆非法进入食品加工领域。

（四）在进口环节，逐步构建进口的多元化方向

由于我国每年超过1.1亿吨的大豆消费量难以完全依靠国内生产，因此，大规模依靠进口的模式短期内难以改变，但我们可以拓宽进口渠道。2017年，我国从巴西进口的大豆超过5 000万吨，这基本已是巴西对我国供应大豆的极限。受天气等方面的影响，未来巴西和阿根廷的大豆产量有可能下降。我们应当通过订单、协议等方式，逐步培育俄罗斯、加拿大等国的大豆生产市场。2017年，我国从俄罗斯进口大豆规模首次超过50万吨，未来有望进一步扩大规模，从而形成更加多元、稳定的大豆进口渠道。

（五）在“走出去”环节，提升大豆国际产业链控制力和定价话语权

近年来，我国到海外开展农业种植加工的企业越来越多，但层次不高、方式传统的问题较为突出。同时，大豆国际价格话语权与我们作为全球最大消费国的地位明显不匹配，应加以改变和提升。一是以大豆产业为抓手，鼓励各类企业到海外在租地种豆、买地种豆之外，加快建立海外大豆生产和加工基地。二是引导企业转变开发方式，从自行经营向订单生产、与当地企业合资联营转变，从收购土地向农业相关仓储、码头、物流、加工领域延伸，形成从种植向上游产业链掌控的态势。三是强化“制度稳市”“规则稳市”，加快推动国内农产品及衍生品期货、现货市场交易体系发展，建立健全市场供求信息权威发布机制，完善交易规则和风险监测机制，逐步提升国际市场定价话语权。

第八章
我国蔬菜价格波动的特征、原因及调控思路研究

蔬菜在居民膳食结构中具有重要地位，是人体需要的维生素、膳食纤维和矿物质的重要来源，也是我国第一大农产品。近年来，我国蔬菜价格在总体保持上涨趋势的同时，呈现出季节性周期波动和冲击性大幅波动的特征，给生产者和消费者带来较大损失。这主要是由生产过程中的金融和科技保障能力偏低、流通领域中间环节较多、储备制度体系尚不完善、消费环节的金融属性持续增强等原因造成的。究其根源，主要在于蔬菜产业在新时代消费升级背景下，形成了小生产与大市场、全年总体平衡与短期区域失衡、生产集中与消费分散、供给结构调整较慢与消费结构快速升级等四大矛盾。完善蔬菜价格调控机制非常必要，应坚持市场导向和间接调控的原则，以稳定蔬菜供求关系为根本，以实现“长期与短期均衡、总体与局部均衡”为主要目标，以提升蔬菜生产能力、流通能力、储备能力和监管能力为抓手，努力消除非市场因素引起的蔬菜价格大幅波动，保障相关各方利益，增进社会总体福利。

蔬菜在居民膳食结构中具有重要地位，随着生活水平持续改善，我国人均年蔬菜消费量已接近110公斤，蔬菜消费支出占食品支出中的比重也在持续提升。近年来，我国蔬菜价格大幅波动情况增多，总体上涨性、季节周期性、冲击波动性特征越发明显。特别是一些重要蔬菜品种价格波动加剧，严重损

害了生产者和消费者利益，“菜价过高买不起”和“菜价过低运不出”的现象频繁交替出现，造成资源错配和极大浪费，亟须进一步完善调控机制，确保蔬菜价格合理稳定，基本民生有效保障。

一、我国蔬菜价格波动呈现两大新特征

（一）上涨较快：近年来蔬菜价格上涨较为明显

从全国层面看，2020年以来蔬菜价格总体呈现较快上涨态势。2015—2019年，全国28种蔬菜平均批发价格平均每年为3.96元/公斤，年增长率平均为3.1%，同期CPI的增长率平均为2.0%。2020—2021年，平均批发价格平均每年达到4.82元/公斤，年增长率平均为8.4%，增速是2015—2019年的2.7倍，增长率高于同期CPI增长率平均值6.7个百分点，成为推动当年物价水平上涨的主要因素。2022年1—5月平均批发价格为5.3元/公斤，仍处于较高水平（表8-1）。

表8-1　2015年以来全国28种蔬菜平均批发价格变化情况

时间	平均批发价格（元/公斤）	增长率（%）	CPI增长率（%）
2015年	3.74	1.4	1.4
2016年	4.17	11.5	2.0
2017年	3.73	-10.6	1.6
2018年	3.92	5.1	2.1
2019年	4.23	7.9	2.9
2020年	4.66	10.2	2.5
2021年	4.97	6.7	0.9
2022年1—5月	5.30	1.9	1.5

资料来源：农业农村部和国家统计局数据库。

（二）打破周期：年度周期性波动被打乱

通常情况下，每年1月菜价较低，之后受春节消费和气温较低等因素影响，2—3月菜价会达到全年峰值；随着换季进入蔬菜收获期，价格逐步回落，并于6—7月达到全年低点；之后进入高温炎热和台风暴雨等自然灾害易发多发期，蔬菜易腐烂，交通易中断，价格逐步回升，于9—10月达到全年第二高点；随着冬季蔬菜的收获上市，价格再次回落，于11月达到年内第二低点；随后进入新一轮上涨周期，全年呈现“双峰双谷型”周期波动特征（图8-1）。但近年来，传统菜价低点易被抬高，原有周期被打乱。例如，2021年10—11月原本是全年菜价低点，但受内蒙古、黑龙江、甘肃等地疫情影响，叠加北方持续降雨，使得同期蔬菜价格不降反升，同比和环比均出现较大幅度上涨（图8-1）。

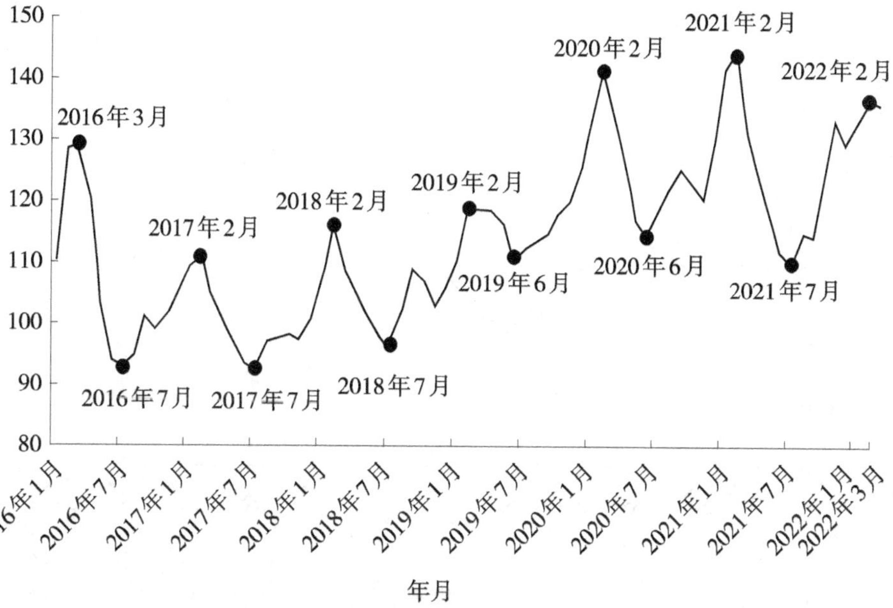

图8-1　2016年以来我国“菜篮子”产品批发价格指数变化情况

（资料来源：农业农村部数据库）

从波动程度看，蔬菜价格波动幅度明显加大。2018年以来，受多种因素综合影响，菜价波动的幅度和频率明显增强。2010年，菜篮子产品批发价格指数的变异系数为0.035，2010—2015年的变异系数基本在0.033上下小幅浮动，表明蔬菜价格波动幅度较小。2016年，变异系数迅速上升至0.058，并且2016—2018年的变异系数已在0.055左右的新区间浮动，表明这三年间的蔬菜价格波动幅度已大幅超过2010—2015年间。从2019年开始，变异系数再次“上台阶”，在0.070左右的新区间浮动，特别是2021年的变异系数达到0.092，创多年新高（图8-2），表明蔬菜价格的波动幅度确实在持续加大，由此给生产者和消费者均带来不利影响。

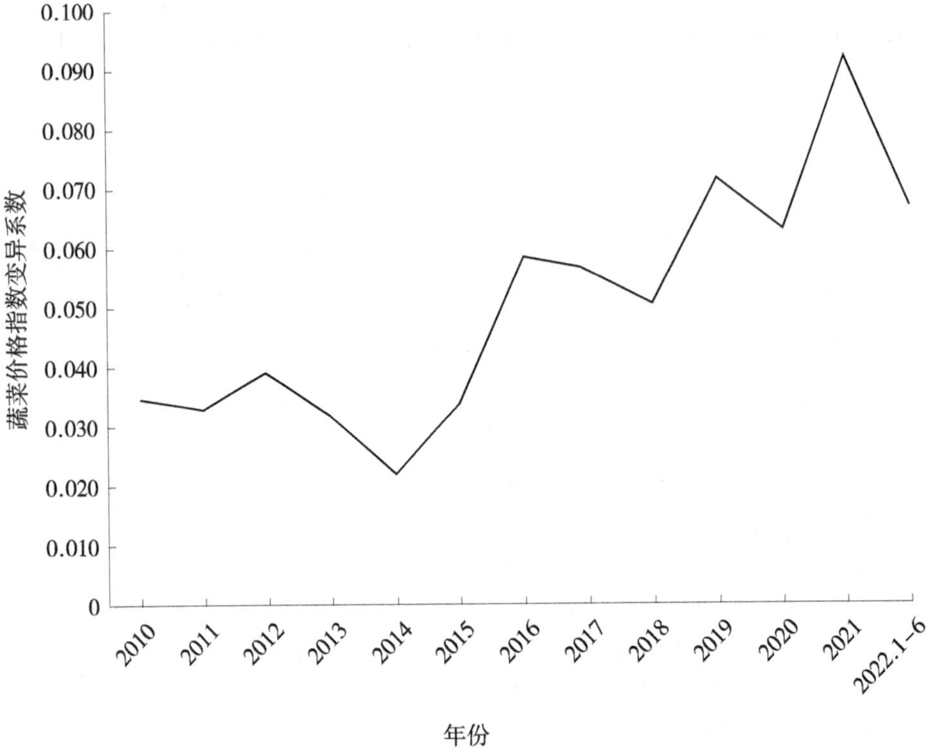

图8-2　2010年以来年度蔬菜价格指数变异系数变化情况

（资料来源：根据农业农村部发布的蔬菜价格指数除以菜篮子产品批发价格指数计算得出）

二、蔬菜价格大幅波动的主要原因

（一）生产领域金融支持不足、科技创新能力有待提升

蔬菜生产在集中采购生产资料、扩大和提升设施规模水平时，往往需要一次性较大投入，对于金融机构的有效支持需求很大。然而，菜农可以抵押的实物较少，地里的蔬菜和大棚即使可以作为抵押物，相关手续和流程也较为复杂，抵押价格较低，贷款难、贷款贵问题较为突出。同时，蔬菜生产的自然风险和市场风险较大，但配套的保险体系相对滞后。2018年，每亩蔬菜的平均保费支出为6.82元，占每亩总成本的比重仅为0.1%，远不能满足生产者规避风险的需求。目前，一些地区试点的蔬菜目标价格保险、蔬菜价格指数保险等，存在市场化程度低、承保品种范围小、测算方法不够科学、过度依赖财政补贴、缺少巨灾风险转移机制等问题，多年来难以在全国规模化推广。

蔬菜种植需要更多的科技支撑。种子作为蔬菜产业链条上附加值最高的环节，是科技水平在蔬菜生产领域的集中体现。一些蔬菜品种的种子按克来卖，被业内人士称为“软黄金”，利润水平很高。然而，我国虽然是世界第二大种子需求国，但蔬菜种业总体创新能力不强。与孟山都、杜邦先锋等跨国种业公司相比，国内企业在科技水平和配套服务等方面存在一定差距，蔬菜种子自给程度明显偏低，产业链上游的高额利润被外企赚取。在我国最大的蔬菜生产基地山东寿光，“洋种子”的市场占有率超过三成，许多常见蔬菜种子的市场占有率甚至超过六成。在上游高额利润被外资占有的情况下，国内生产、加工、运输、存储、销售等产业链上的各类企业，不得不在剩余的有限利润空间内开展争夺，容易形成恶性竞争，扰乱市场价格。

（二）流通领域成本快速上升、中间环节较多

近年来，物流成本上涨较快，而蔬菜运输半径的持续扩大进一步凸显了物流瓶颈问题。随着蔬菜产销地之间距离越来越远，收购、仓储、分拣、包装、运输、装卸、信息管理等流通环节不断增多，每个环节的价格波动都可能加大最终菜价的波动幅度，使得影响菜价波动的因素增多，价格调控难度增大。同时，由于蔬菜运输以公路为主，在夏季丰收期和元旦春节需求高峰期等时点，极易受到恶劣天气影响，出现类似于2008年南方雪灾、2019年寿光因台风“利奇马”而遭受严重水灾等情况，造成菜价在短期内猛涨。即使未遇到极端天气，在长途货车经常超载的情况下，运输过程中也容易受到各类交通事故和车辆故障影响，导致运输时间延长，延误销售时机，从而出现发货时目标市场菜价持续上涨、延期到货时市场已经供大于求、价格下跌的情况。

随着生产到销售的中间环节增多，推动了中间成本的持续上涨，导致一些地区出现因中间成本过高而难以上市的情况。近年来，过路费、雇工费、租车费、摊位费等中间成本快速上升，全国多地出现蔬菜“种得好、摘不起、运不出”的情况。蔬菜烂在地里无人问津、企业购买“滞销菜”、路人采摘“爱心菜”的新闻经常出现，这与种植环节品种选择不当有关，但更主要的是中间费用过高，导致蔬菜难以顺畅流通，形成生产者“卖菜难”和消费者“买菜贵”的双输局面。

（三）储备领域制度体系尚不完善、应急保障能力有待提升

目前，我国蔬菜储备体系仍处于建设发展阶段，长效机制仍不够完善。2010年8月，国务院针对当时出现的蔬菜价格大起大落、影响居民生活的问题，在国务院常务会议提出要建立蔬菜储备制度。2011年，国家发展改革委、财政部、农业农村部、商务部等四部委联合下发《关于建立北方大城市冬春

蔬菜储备制度的通知》，要求北方城区人口在100万人以上的大城市要建立冬春蔬菜储备制度，并将其作为“菜篮子”市场负责制的重要内容。之后，相关部门每年都会对蔬菜储备工作发文指导。2019年，国家发展改革委、商务部下发《关于进一步做好北方大城市冬春蔬菜储备工作的通知》，要求进一步健全各大城市冬春蔬菜储备制度，加强应急调控能力建设。总体看，在近十年的时间里，我国蔬菜储备建设实现了较快发展，积极作用逐步显现。但应当看到，当前储备制度仍处于建设阶段，常态化市场化的长效机制尚不健全，一些城市尚未建立相关制度、补助资金不足、储备规模较小等问题较为突出。

由于蔬菜存在受天气影响大、不易储存、价格波动大、区域偏好差别大等特点，导致现有储备体系在遇到重大紧急事件时，还难以完全实现快速合理调运、高效运作管理、有效保障民生、价格基本稳定等目标，应急保障能力有待进一步提升。新冠肺炎疫情发生后，相关政府部门积极作为，一方面，加强与山东等蔬菜主产地的联系，确保每天能从寿光调运约600吨新鲜蔬菜供应武汉；另一方面，对北方大城市投放冬春蔬菜储备作出部署，确保储备及时投放，推动蔬菜生产有序恢复，有效地保障了基本民生和市场稳定，为抗击疫情作出了重要贡献。但同时也应看到，在畅通运输通道、打通“最后一公里”、储备地点规划布局、储备规模和品类选择等方面还存在一些问题。

（四）消费领域金融属性持续增强、电子交易监管难度加大

近年来，蔬菜的金融属性明显增强，投机炒作已成为菜价大幅波动的重要原因。一定时期和区域内，蔬菜需求量相对稳定，菜价变化主要受供给影响。随着大量商业资本进入农产品生产和流通领域，出现了越来越多的蔬菜投机炒作事件。2015年之前，资本主要聚焦于葱姜蒜等品种小、价格低、易储存、产地较集中的蔬菜品种进行炒作，常常在几个月内推动价格上涨数倍，导致“蒜你狠”“姜你军”等“疯狂的蔬菜”多次出现。近两年，随着蔬菜

产地田间冷库数量增加，“炒菜团”通过资本投入对冷库进行控制，增强了对大宗蔬菜品种的囤积能力，从而可以对大白菜、苹果等产需量较大、产地较集中、冷库存储时间较长、前一两年价格处于较低水平的果蔬进行炒作，蔬菜作为炒作标的物的金融属性在近年得到进一步强化。

同时，蔬菜电子交易市场的出现，为热钱提供了更多的投机炒作渠道。各类游资一方面在蔬菜实物市场囤积居奇，另一方面在资本市场交易对赌。特别是随着互联网和自媒体影响力的扩大，游资经常会结合一些极端天气和突发事件新闻以及直接或间接发布关于食品安全和健康养生传言等加以推波助澜，助推菜价大幅波动，从中获取高额利润。而对于这些行为方式的监管和查处工作，存在成本高、时间长、取证难等问题，有效监管存在一定困难。

三、蔬菜价格调控需要破解四大矛盾

（一）小生产与大市场之间的矛盾

随着商品市场一体化的提升，以及生产、储存和交通运输等基础设施的快速发展，我国已形成全国性农产品大市场。与之形成鲜明对比的是，虽然蔬菜生产向着规模化集约化的方式转变，但从全国层面看，仍处于主体规模较小、组织化信息化程度偏低的小生产模式。不但单个菜农种植规模偏小，一些地区蔬菜合作组织、特别是农民专业合作社的规模也偏小、实力偏弱、运作规范程度不高。面对越发成熟的全国性市场，这种模式不但交易成本较高，抵御自然风险和市场风险的能力也较差，既容易在生产环节因市场信息滞后导致盲目跟风种植，也常常在销售环节面对收购商时缺乏议价能力。

近年来，在蔬菜价格持续上涨的同时，生产成本也在快速提升。2010—2018年，全国大中城市每亩蔬菜平均成本从2 699元上升至5 537元，上涨了105%，其中人工成本增长137%。然而，同期生产者的净利润水平不但没能同步上涨，反而处于总体下降状态。2018年，蔬菜每亩地的净利润虽然较2017年大幅增长了26.4%，但仍低于2010年的水平，市场议价能力偏弱明显限制了小生产模式的利润水平（表8-2）。

表8-2 我国大中城市每亩蔬菜平均成本收益情况 单位：元

年份	总成本（生产成本+土地成本）	生产成本			土地成本	净利润
		合计	物质与服务费用	人工成本		
2010	2 698	2 467	1 133	1 334	231	2 777
2011	2 979	2 728	1 231	1 497	251	2 558
2012	3 644	3 332	1 365	1 967	312	2 455
2013	4 052	3 699	1 422	2 277	353	2 852
2014	4 134	3 789	1 404	2 385	345	2 070
2015	4 346	4 000	1 403	2 597	346	2 188
2016	5 085	4 708	1 889	2 819	377	2 023
2017	5 434	5 058	1 896	3 162	376	2 127
2018	5 537	5 151	1 995	3 156	386	2 688
2018年比2010年增长	105%	109%	76%	137%	67%	-3%

资料来源：《全国农产品成本收益资料汇编—2019》。

（二）全年总体平衡与短期区域失衡之间的矛盾

近年来，我国蔬菜生产稳定发展，播种面积和产量连续多年位居世界第一。2011年，蔬菜产量为5.98亿吨，蔬菜首次超过粮食成为我国第一大农产品，2021年产量达到7.67亿吨的新高，实现了自2011年以来的“十一连增”（表8-3）。人均产量超过500公斤，远高于世界平均水平，供给总量充足，实现全年总体供求平衡不成问题。

表8-3　我国蔬菜生产能力变化情况

年份	产量（万吨）	播种面积（千公顷）	单位面积产量（公斤/公顷）
2001	48 422.4	16 402.5	29 521.4
2002	52 860.6	17 352.9	30 462.1
2003	54 032.3	17 953.8	30 095.2
2004	55 064.7	17 560.4	31 357.3
2005	56 451.5	17 720.7	31 856.2
2006	53 953.1	16 639.1	32 425.5
2007	51 767.7	15 614.6	33 153.4
2008	54 458.0	16 538.9	32 927.2
2009	55 300.3	16 670.0	33 173.5
2010	53 030.9	16 201.5	32 732.1
2011	59 766.6	17 909.9	33 370.7
2012	61 624.5	18 496.9	33 316.1
2013	63 198.0	18 836.3	33 551.2
2014	64 948.7	19 224.1	33 785.0
2015	66 425.1	19 613.1	33 867.7
2016	67 434.2	19 553.1	34 487.7
2017	69 192.7	19 981.0	34 629.2
2018	70 346.7	20 439.0	34 417.9
2019	72 102.6	20 863.0	34 560.0
2020	74 912.9	21 485.0	34 867.5
2021	76 710.8	21 872.2	35 072.3

资料来源：Wind数据。

但是，蔬菜生产受天气条件影响较大，经常出现同类蔬菜同时短缺或集中上市的情况，叠加病虫灾害和人为炒作等因素影响，容易短期内出现较大价格波动。特别是部分特大城市和一线城市的蔬菜自给率较低，而运输半径扩大，加大了菜价调控的难度。以北京、天津、上海、深圳为例，2000年以来这四座城市的蔬菜播种面积和产量均在下降，2021年的人均蔬菜产量较2000年大致下降了60%～70%（表8-4），北京市和天津市的蔬菜自给率分别仅为15%和30%。与之形成鲜明对比的是，广州这座常住人口超过1 880万人的特大城市，通过稳定种植面积、发展设施农业、加强冷库冷链建设等方式，实现了连续多年蔬菜自给率达到100%的超高水平，使得广州市的菜价波动幅度明显低于其他大中城市。

表8-4　2000年以来北京市、天津市、上海市和深圳市蔬菜播种面积和产量变化情况

城市	年份	播种面积		产量		人均播种面积		人均产量	
		绝对数（千公顷）	比2000年下降（%）	绝对数（万吨）	比2000年下降（%）	绝对数（公顷/万人）	比2000年下降（%）	绝对数（公斤/人）	比2000年下降（%）
北京	2000	107.8	—	489.2	—	79.4	—	360.5	—
	2010	67.5	—	302.5	—	34.4	—	154.2	—
	2021	46.5	56.9	165.6	66.1	21.2	73.3	75.7	79.0
天津	2000	128.3	—	530.6	—	128.2	—	530.1	—
	2010	84.9	—	343.9	—	65.3	—	264.8	—
	2020①	52.9	58.8	266.5	49.8	38.2	70.2	192.2	63.7
上海	2000	140.0	—	377.0	—	85.3	—	229.7	—
	2010	132.1	—	383.3	—	57.3	—	166.4	—
	2021	85.2	39.1	244.7	35.1	34.2	59.9	98.3	57.2
深圳	2000	11.1	—	21.1	—	15.9	—	30.0	—
	2010	6.4	—	11.1	—	6.1	—	10.7	—
	2021	8.9	19.9	16.8	20.0	5.0	68.3	9.5	68.3

资料来源：2000年和2010年数据来自Wind数据，2021年数据来自各市2021年度统计公报。

注：①由于天津市2021年度统计公报中未提到所有相关数据，故使用2020年数据，但并不影响结论。

（三）生产集中与消费分散之间的矛盾

近年来，蔬菜生产越来越向优势主产区集中，不同品种的产区化特征明显，这虽有利于发挥比较优势，提升蔬菜生产的规模化专业化程度，但同时也使得蔬菜产销由原来“就地生产、就地销售”的相对封闭模式，转变为当前“集中生产、全国销售”的大流通模式。2021年，全国蔬菜产量超过3 000万吨的10个省份，产量之和占全国的比重达68%，播种面积之和占全国的比重为64.8%（表8-5），形成明显的“三分区域产七分菜”的格局，与人口之和占全国55%相比，意味着大量的蔬菜需要跨省运输销售。

表8-5　2021年我国蔬菜生产主要省份的产量和播种面积情况

序号	地区	产量（万吨）	播种面积（千公顷）
1	山东	8 801	1 487
2	河南	7 429	1 758
3	江苏	5 857	1 453
4	河北	5 284	814
5	四川	5 050	1 481
6	湖北	4 300	1 280
7	湖南	4 269	1 392
8	广西	4 047	1 596
9	广东	3 856	1 392
10	贵州	3 280	1 514
10省合计		52 173	14 167
全国		76 711	21 872

资料来源：根据各省2021年度统计公报整理。

由于蔬菜运输以公路为主，易受恶劣天气和突发事件影响，并且物流成本上涨较快，随着产销地之间距离越来越远，收购仓储、分拣包装、信息管理、运输装卸、批发零售、快递到家等流通环节不断增多，任何一个环节出现问题都可能导致"最后一公里"和"最后一百米"等问题被迅速放大，造成终端市场价格波动增大，加大调控难度。特别是在市场突然短缺的情况下，囤菜心理会放大短期市场需求，若不能及时补货，则可能进一步引发居民非理性抢购囤积，进而陷入恶性循环。

（四）供给结构调整较慢与消费结构快速升级之间的矛盾

随着生活水平的提升，蔬菜消费结构发生明显变化，对于新鲜、反季、多样的蔬菜需求大幅增加。土豆、红薯、卷心菜等耐储蔬菜，曾是北方冬春季节最主要的食用品种，近年来随着消费需求的变化，产量持续下降。3种蔬菜产量之和从2000年的约2.3亿吨降至2020年的约1.6亿吨，同期占全国蔬菜产量的比重也从45.5%降至22.1%。而黄瓜、西红柿、茄子、菠菜、食用菌等季节性的、新鲜的蔬菜需求则持续上升，2020年上述5种蔬菜的产量分别是2000年的3.1倍、2.9倍、2.7倍、3.8倍和6.0倍，5种蔬菜产量之和的占比也从2000年14.8%升至2020年的33.3%，消费升级态势明显（表8-6）。

表8-6　2000以来我国部分蔬菜产量变化情况

序号	蔬菜名称	产量（万吨）			占全国比重（%）		
		2000年	2010年	2020年	2000年	2010年	2020年
1	土豆	6 632	7 659	7 824	13.4	12.2	10.7
2	红薯	11 818	6 581	4 920	23.9	10.5	6.7

续表8-6

序号	蔬菜名称	产量（万吨）			占全国比重（%）		
		2000年	2010年	2020年	2000年	2010年	2020年
3	卷心菜和其他芸薹类蔬菜	4 065	3 119	3 421	8.2	5.0	4.7
1—3小计		22 515	17 359	16 165	45.5	27.7	22.1
4	黄瓜	2 327	4 571	7 283	4.7	7.3	10.0
5	西红柿	2 232	4 688	6 487	4.5	7.5	8.9
6	茄子	1 378	2 677	3 659	2.8	4.3	5.0
7	食用菌	664	2 202	4 000	1.3	3.5	5.5
8	菠菜	751	1 813	2 852	1.5	2.9	3.9
4—8小计		7 352	15 951	24 281	14.8	25.5	33.3

资料来源：联合国粮农组织。

与消费结构的快速升级相比，供给结构特别是储备结构的调整难以完全同步。2020年以来，作为基本储备品种的土豆、胡萝卜、白萝卜等根茎类蔬菜的价格波幅总体较低，同期推动菜价上涨的主要品种，是包括黄瓜、南瓜、西红柿、青椒等瓜菜类、茄果类蔬菜。这类蔬菜存在受天气影响大、不易储存、区域偏好差别大等特点，并且作为储备的比重也较低，在短期外部供给有限、主要依托储备进行调控时，政策效果可能受到影响（表8-7）。此外，居民对绿色安全、优质新鲜、营养健康的蔬菜需求也在快速增长，而供给端调整升级的速度相对较慢，结构性失衡问题越来越突出。

表8-7 2020年以来部分蔬菜价格波动情况

序号	品种	批发平均价（元/公斤）			变异系数
		2020年	2021年	2022年1—4月	2020年1月—2022年4月
1	南瓜	2.63	3.39	3.56	0.327 4
2	青椒	5.04	5.41	7.50	0.319 0
3	西红柿	4.90	4.04	7.31	0.318 7
4	黄瓜	4.19	4.68	6.34	0.315 9
5	菠菜	5.05	5.95	5.31	0.286 3
6	大白菜	1.91	1.86	2.37	0.198 0
7	白萝卜	1.86	2.01	1.92	0.192 5
8	土豆	2.63	2.31	2.45	0.146 6
9	胡萝卜	2.65	2.88	3.26	0.125 3

资料来源：批发平均价来自农业农村部，变异系数（数值越大表明波幅越大）根据批发平均价计算得出。

四、近年来加强蔬菜保供稳价的地方经验

（一）畅通跨区运输通道，加大临时储备规模

畅通运输通道是保障蔬菜稳定供应的首要环节。各地根据中央精神，积极对接蔬菜主供区或主销区，畅通运输渠道，强化产销衔接。山东省寿光市作为著名的蔬菜之乡，为做好疫情期间蔬菜外运工作，成立了由市领导牵头、农业农村局、交通局、公安局等十余个部门参与的蔬菜供应运输专班，制定

运输车辆管理办法，对外运车辆实行提前报备、在线办证，开辟外运车辆途经合作社、酒店和停车场“三点一线”专用通道，确保全程与其他人员无接触，实现车辆快查快行。天津市与外地蔬菜基地签订一系列保供协议，为130余家企业发放近1 200张省际通行证，确保跨区顺畅流通。广州市自2019年以来，逐步构建起以本市为枢纽的粤港澳大湾区“菜篮子”生产及流通服务体系，通过打造标准化、现代化、便利化平台，确保粤港澳大湾区内的蔬菜运输畅通无阻。

提升储备规模是疫情防控背景下保障市场供应充足的重要手段。许多城市加大蔬菜储备规模，2022年以来，苏州市蔬菜储备量是之前的2倍以上，广州市的农贸市场、大型商超和连锁便利店等零售终端，均按平日3～5倍的进货量来保证供应。

（二）提高监测频次、加快终端补给，及时开展宣传引导

提高市场监测频次、确保零售终端货架充足，是稳定菜价的有效方式。2022年以来，苏州市部分重点蔬菜批发市场建立了动态数据平台，对市场库存量、供应量、交易量、菜品价格等实时统计，并根据数据变化及时采取相应措施。广州市突发公共卫生事件期间每两小时就对重点商超的蔬菜供应情况监测一次，若发现某个市场需求突增，则立即督促商超进行补货。针对重点蔬菜批发市场可能会被临时管控的情况，苏州市启用了上高路临时农产品批发市场，确保蔬菜稳定供给。

及时公开信息、加强宣传引导，是防止居民抢菜囤菜、消除社会恐慌情绪的有效途径。济南市在疫情发生后，及时召开新闻发布会，公布了全市各大商超重要农产品储备情况，有效稳定了居民对疫情防控期间“菜篮子”供应的信心。苏州市几十家大型超市在突发公共卫生事件时期，全市门店24小时不间断营业，敞开供应，在增强信心、稳定价格方

面发挥了积极作用。

（三）减免相关成本费用，发放各类生产补贴

疫情期间减免相关企业的生产和经营成本，是保障供给、稳定菜价的有效政策。北京市延长了原定于2022年4月15日停止的蔬菜进场交易补贴政策，继续免除全品类蔬菜进场费。沈阳市也减免了沈阳地利等农产品批发市场的进场费、停车费等相关费用，降低了企业的经营成本。

鼓励开展本地蔬菜生产是提升当地供应能力的有效应急措施。宁波市出台了疫情期间速生蔬菜应急生产补贴工作方案，对2022年4月10—30日播种、5月底之前供应市场的青菜、生菜、苋菜等速生叶菜类生产经营主体给予每亩800元的补助。泉州市德化县对现有和新建的蔬菜种植面积达5亩以上的种植大户，给予每亩500元的补助。天津市对2022年疫情期间的速生叶菜生产进行保险补贴，截至5月中旬已发放保费补贴42.6万元。常州市对受疫情影响较重的困难规模蔬菜种植主体，给予不超过10万元的财政补贴。

五、完善蔬菜价格调控机制的思路及政策建议

（一）完善蔬菜价格调控的主要思路

近年来，蔬菜价格频繁大幅波动既与自身特点有关，更与新时代不断变化的生产、流通和消费方式等密切相关。在调控过程中，应以市场化为导向，以稳定供求关系为根本，以8种基础蔬菜为基本调控对象，以“长期与短期均衡、总体与局部均衡”为目标，通过全面提升蔬菜的科学生产能力、高效流通能力、储备投放能力和市场监管能力，有效降低非市场因素引起的价格波动，从而增进社会福利总水平（图8-3）。

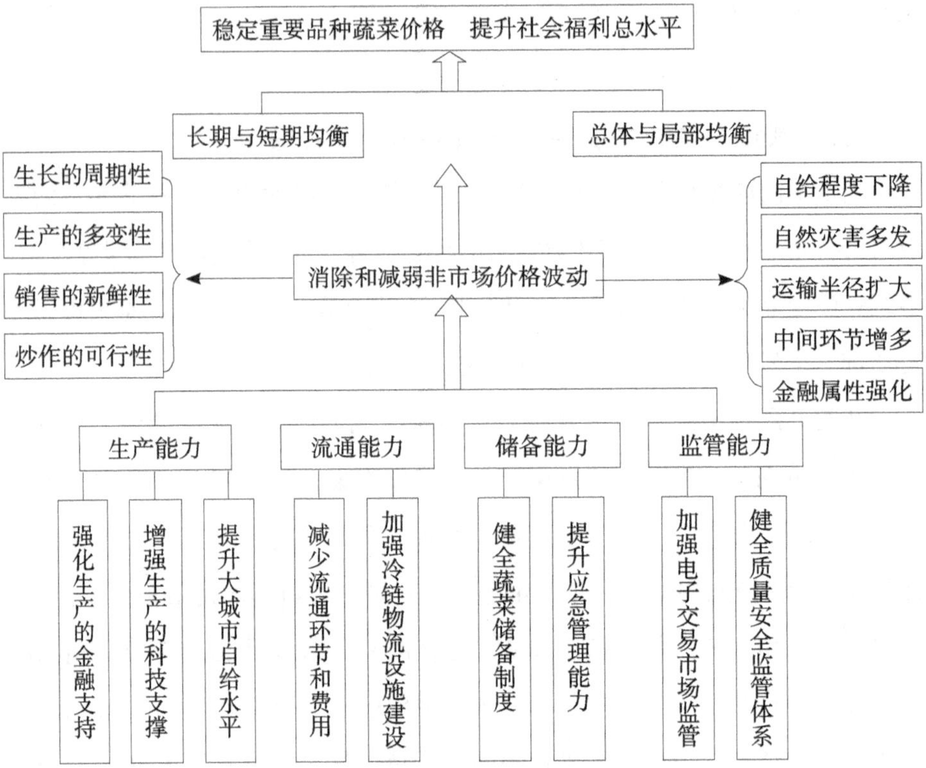

图8-3　蔬菜价格调控机制框架图

（二）选择监测蔬菜的品种

我国常见蔬菜超过150种，选择哪些重要品种作为调控对象是一个重要问题。目前，在全国范围内对蔬菜价格进行监测的政府机构主要有国家发展改革委、农业农村部、商务部和国家统计局等四个部门。其中，国家发展改革委定期监测的36个大中城市粮油肉蛋菜平均零售价格变动情况，涉及8类15个蔬菜品种；农业农村部定期发布的全国农产品批发价格数据涉及11类28个蔬菜品种；商务部定期公布36个大中城市10类30种蔬菜的平均批发价格；国家统计局定期发布50个城市主要食品平均价格变动情况，其中包括6类7种蔬菜价格（表8-8）。考虑到蔬菜价格调控的市场化导向和保障基本民生的底线要求，综合蔬菜品种的生长周期和耐储性、各种类型的代表性、不同地域偏好的一致性、多部门监测的共同性等多种因素，本研究认为对于重要蔬菜的范围宜小不宜大，宜保基本不宜促升级，经取多方面的交集，包括油菜（叶菜类）、大白菜（白菜类）、土豆（根茎类）、黄瓜（瓜菜类）、西红柿（茄果类）、菜花（甘蓝类）、豆角（豆类）和大蒜（葱蒜类）等8类8种蔬菜作为重要蔬菜品种。

表8-8　相关部门监测蔬菜价格时选择的品种

蔬菜类别	蔬菜品种	监测部门
叶菜类	菠菜	农业农村部、商务部
	芹菜	农业农村部、国家发展改革委、国家统计局、商务部
	油菜	农业农村部、国家发展改革委、国家统计局、商务部
白菜类	大白菜	农业农村部、国家发展改革委、国家统计局、商务部
瓜菜类	冬瓜	农业农村部、商务部
	黄瓜	农业农村部、国家发展改革委、国家统计局、商务部
	南瓜	农业农村部、商务部
	西葫芦	农业农村部、商务部
	苦瓜	商务部
根茎类	白萝卜	农业农村部、国家发展改革委、商务部
	胡萝卜	农业农村部、国家发展改革委、商务部
	生姜	农业农村部、商务部
	土豆	农业农村部、国家发展改革委、国家统计局、商务部
	山药	商务部
茄果类	茄子	农业农村部、国家发展改革委、商务部
	青椒	农业农村部、国家发展改革委、商务部
	西红柿	农业农村部、国家发展改革委、国家统计局、商务部
	尖椒	国家发展改革委、商务部

续表8-8

蔬菜类别	蔬菜品种	监测部门
甘蓝类	菜花	农业农村部、商务部
	圆白菜	农业农村部、国家发展改革委、商务部
	西兰花	商务部
豆类	豆角	农业农村部、国家发展改革委、国家统计局、商务部
	豆芽	商务部
葱蒜类	葱头	农业农村部、商务部
	大蒜	农业农村部、商务部
	蒜苔	农业农村部、国家发展改革委
	大葱	农业农村部、商务部
	韭菜	农业农村部、国家发展改革委、商务部
莴（菊）苣类	莴笋	农业农村部、商务部
	生菜	农业农村部、商务部
菌类	香菇	农业农村部
	平菇	农业农村部
水生蔬菜	莲藕	农业农村部、商务部

资料来源：根据相关部门公开信息汇总整理。

（三）以四大能力建设为抓手，完善蔬菜价格调控机制

1.提升蔬菜生产能力

全面落实菜地最低保有量制度。牢固树立蔬菜保供的底线意识，强化地方首责，严格落实“菜篮子”市长负责制，明确城区人口在一定规模以上城市蔬菜自给率的底线要求，强化年度考核。划定基本菜田，实施严格保护，逐步扩大郊区种植面积，对于需要征占郊区菜地改为商业开发的，实施占补平衡政策，征收菜地开发建设基金，用于新菜地的开发建设。

完善《“菜篮子”市长负责制考核办法实施细则》的考核内容。一是增加对蔬菜自给率的考核。现行考核办法中“蔬菜产量”项中，若产量每年保持稳定不变，便可获得满分，对于持续提升产量的激励作用有限。为进一步激励特大城市和一线城市提升自给率，可考虑根据城市人口规模，划分不同自给率的基础分，并根据年度提升情况确定绩效分。二是增加对应急保障能力建设的考核。现行考核办法中“‘菜篮子’工程调控政策”项中，若制定了应急调控预案，便可获得满分。但许多城市已有调控预案，多为应对常规情况下市场大幅波动的调控预案，可考虑将该项进一步细化，明确要求必须是针对疫情而制定和修订的应急调控预案。

鼓励特大城市和一线城市加强设施蔬菜产业发展。进一步优化城市蔬菜生产布局，提升生产区域温室大棚、节水滴灌、设施装备等硬件水平，鼓励生产企业由平面种植向立体栽培发展，建立健全全程机械化服务体系，努力培育一批当地基础条件好、科技含量高、管理水平高、辐射能力强的设施蔬菜生产基地。

健全有效促进蔬菜产业提质升级的科技支撑体系。加大蔬菜育种研发投入力度，鼓励国内种子龙头企业、种植基地和科研机构加强合作，提高蔬菜优良种苗的自主研发能力，不断提高种子种苗标准化生产水平，加快构建“育繁推一体化”蔬菜种子产业体系，强化蔬菜产业链上游的国际竞争力。加强蔬菜全产业链开发，大力发展农产品精深加工，加快推广高产高效、资源节约、生态环保技术模式，促进产业提质升级。大力发展蔬菜专业合作社联社、产销协会等合作组织，依托蔬菜生产基地和龙头企业，加大先进适用技术应用力度，完善技术推广服务体系，提升蔬菜产业的标准化、绿色化、智能化水平。

强化蔬菜生产的金融支持。将蔬菜基础设施建设作为本轮基建投资的一项重点任务，有效提升蔬菜生产和储存相关设施水平。引导金融机构加大对蔬菜生产者的信贷支持力度，优化金融服务。梳理总结蔬菜目标价格保险试点和蔬菜价格指数保险试点等相关经验，优化财政支持方式，逐步扩大覆盖品种，改进保费和理赔计算方法，简化理赔流程，构建多层次巨灾风险分摊机制。

2.增强高效运输能力

减少蔬菜流通环节和费用。完善产销区间运输通道协调和信息沟通机制，建立健全全国统一、时时更新、共建共享的蔬菜供求、价格配送等信息服务大数据平台，优化资源配置，推行蔬菜标准化和分级包装模式，减少不必要环节。加强城市蔬菜物流中心和社区零售网点建设，提升大中城市农超对接、直供直销、生鲜配送等模式的比重，引导蔬菜种植龙头企业和专业合作社探索发展蔬菜直通车、小区直投菜柜等模式。完善畅通高效、智慧便捷的蔬菜运输绿色通道制度，提高通行效率，减少蔬菜损耗。通过财政补贴等方式，减免运输车辆进入农产品批发市场的进场费、停车费等相关费用。

加强蔬菜冷链物流设施建设。加大蔬菜主产区和主销区田头预冷、冷藏运输等冷链物流设施建设，提高冷链物流利用效率。制定冷链物流领域相关法律法规，加快冷链物流行业标准体系建设，提高行业从业门槛，加强中小物流企业整合，在竞争中形成一批理念先进、服务优质的大中型冷链物流服务企业。加大蔬菜分拣、加工、包装、预冷等一体化集配设施建设支持力度，提高冷链物流利用效率，优化包装方式，降低运输过程中的耗损率。

完善本地蔬菜供给保障体系。鼓励特大城市和一线城市适度发展工厂化育苗，鼓励本地重点企业选择速生叶菜、芽苗菜等品种进行种植，缩短蔬菜生长周期。畅通跨省跨区物流通道，推动各大中城市加强与“菜篮子”产品主产区对接，引导本地农产品批发企业、连锁商超、电商平台等加大货源储备，加强日常应急演练，提升储备投放的顺畅性、及时性、准确性。

3.有效发挥储备功能

健全蔬菜储备制度。结合蔬菜自给率底线要求，将城市蔬菜生产基地与就地储备相结合，在加大仓储设施建设力度的同时，提升已有冷库、人防工程和传统地窖等设施利用效率。进一步优化蔬菜储备品种结构。结合蔬菜消费结构变化趋势，优化蔬菜储备品种，加大新鲜蔬菜比重，加强重要农产品批发市场冷库建设，优化公共冷链物流基地布局，加快速冻蔬菜产业发展，提升速冻鲜菜储备和运输能力。完善市场化运作方式，加强对承储企业的日常监测和定期评估，在此基础上，探索建立蔬菜储备企业信用公开系统和资质分类分级制度。

提升应急管理能力。面对类似重大自然灾害和重大疫情等突发事件，应进一步提升应急管理水平，加强日常应急演练，提升应急方案实施的顺畅性和及时性。探索选择若干交通运输便利、生产能力较强、储备基础较好的城市，在5～7天消费量储备基础上，选择产量高、耐储存、速生长的蔬菜品种，形成保障一个生产周期的应急储备量。当遇到重大自然灾害或重大公共卫生事件时，可在这些城市的辐射半径内，迅速调运储备，快速到达灾区，多点相互支持，有效恢复生产。

4.完善市场监管体系

加强蔬菜电子交易市场监管。开展多部门特别是相关金融监管部门参与的联合执法行动，严厉打击蔬菜囤积居奇、散布虚假信息、借机恶性炒作等行为。完善电子交易相关法律法规，抑制过度投机，取缔非法交易。加强蔬菜信息服务平台建设，为社会各界提供准确、及时、权威、全面的数据信息，稳定市场预期。

健全质量安全监管体系。构建覆盖全程的蔬菜质量安全监管体系，健全大宗蔬菜作物、优势和特色蔬菜品种的质量标准体系，健全质量安全标准公共信息服务平台，加强跨部门间数据共享。完善农药残留限量标准体系、蔬菜质量分级体系和认证体系，推进蔬菜生产投入品规范化标准化使用。强化蔬菜产品市场销售监督检查力度，健全蔬菜质量风险监控体系，建设蔬菜重点品种追溯系统，完善全过程信息化可追溯体系建设。推动行业协会、业内专家、新型农业经营主体、社团组织、菜农、消费者等各类相关主体参与监督管理，提升蔬菜质量安全监管的全面性、立体性，构建权责明晰、公开透明、多元参与的现代蔬菜产业监管体系。

第九章
生猪行业和猪肉市场特征
及保障稳定运行的思路建议

猪价稳则物价稳，物价稳则民心稳。我国生猪和猪肉相关产购储销体系稳步建立，以市场调节为主的价格机制基本形成。近年来，受疫病、自然灾害等不可抗力的影响，生猪、猪肉市场价格波动较为频繁，波动幅度明显加剧，给城乡居民生活和物价稳定都带来了较大压力，因此受到全社会广泛关注。本章重点分析稳定生猪行业和猪肉市场的必要性，总结提炼生猪及猪肉保供稳价相关的调控经验，分析当前面临的新形势与新挑战，从完善全链条全过程保障机制的角度，就稳定生猪行业和猪肉市场运行提出思路建议。

一、保障生猪行业和猪肉市场稳定运行的意义

生猪养殖业是关系国计民生的重要产业，猪肉是我国大多数居民家庭最主要的肉类食品。2018年非洲猪瘟疫情和2020年新冠肺炎疫情暴发，进一步暴露了生猪行业的结构性短板和影响猪肉市场平稳运行的风险点。生猪及猪肉作为重要农副产品，其生产流通具有基础性、外部性、周期性、刚需性四大特征，有序发展生猪生产，保障猪肉市场有效供应，对于保障人民群众基本生活、稳定物价总水平、推动经济平稳运行和社会大局稳定具有重要意义。

（一）基础性

重要农产品在国民经济中具有基础性地位，猪肉是民众日常生活不可或缺的生存型商品，占中低收入居民家庭消费支出比重较高，生猪养殖又是广大养殖场（养殖户）的重要收入来源。所以，要把保障生猪行业和猪肉市场稳定运行，作为一项重要的民生保障工程看待，既要保障居民及其家庭生活肉类必需品不断档、不脱销，又要维护养殖户的生产积极性和合理收益水平。

（二）外部性

回顾历史可以发现，生猪及猪肉这类重要农副产品的市场一旦出现大幅、持续异常波动，完全依靠市场在短期内难以恢复均衡，将给绝大部分居民生活、生产流通秩序、稳定物价总水平的宏观调控乃至社会安全稳定都带来一系列重大影响，这种影响具有明显的公共性、外部性特征，必须予以高度重视。

（三）周期性

重要农产品供应和价格波动存在周期性特征，这主要是因为农产品生产本身存在一定周期性。典型的案例就是生猪，生猪产量和价格之间存在较为明显的“蛛网效应”，即生猪生产存在较长的时滞，生产者（养殖场、养殖户）往往根据上一轮价格来决定本轮生产。由于决定本期供给量的前期价格与决定本期需求量的本期价格经常不一致，所以容易导致产量和价格偏离均衡状态，产生发散或封闭的“蛛网现象”，进而出现产量和价格的频繁波动，需要实施一定的干预措施，才能使价格恢复到相对均衡点。从历史上来看，自2002年6月以来，我国生猪价格经历了5个相对完整的“周期”，持续时间分别是48个月、36个月、59个月、49个月、46个月，每一轮“猪周期”，生猪和猪肉价格都历经过“大起大落”的走势，对我国经济社会运行产生了一系列影响。

（四）刚需性

重要农产品一般是居民家庭生存必需品，需求的价格弹性一般较低甚至存在刚性。大多数居民家庭对猪肉的消费具有相当的刚性，虽然有牛肉、羊肉、禽肉等肉蛋白类食品可以部分替代，但是猪肉消费量仍然是普通居民家庭肉类支出的重要组成部分。猪肉这类农副产品价格在短期内出现大幅波动，主要是受供给侧的冲击性因素影响。回顾2019年前后的非洲猪瘟疫情对国内生猪行业的影响，主要是产能出现明显的超预期大幅下滑，也就是能繁母猪和生猪存栏量下降较快较多，生猪产能出现明显缺口，进而市场有效供应量下降。市场供应难以稳定是造成价格异常上涨的重要原因。由此可见，稳定市场和稳定价格运行的关键就在于要强化供应保障的规模和质量。

二、我国保障生猪产业和猪肉市场稳定运行的成效和经验

我国针对重要农产品的供应保障，建立了“菜篮子”“米袋子”“果盘子”领导负责制，压实各部门各地方相关职责，着力提高生产能力、完善流通设施、加强质量监管、维护市场秩序等保障工作。经历过2019年猪瘟疫情和2020年世纪疫情的“大考”，针对特殊情形的应急调节体系和能力建设显得尤为关键。各地依托“菜篮子”领导工作小组，紧密协同，千方百计组织生猪货源，多措并举加大猪肉供给，努力确保零售市场供应充足、价格稳定和流通秩序良好。本研究从完善产供储销体系、健全财税金融保险政策体系等方

面，分类梳理在经受疫病和疫情考验过程中，各地保障生猪产业和猪肉市场稳定运行所积累的经验。

（一）全力做好生猪生产的基础保障

各地积极强化生猪养殖用地保障，加快新建项目的环境影响评价审批。积极优化生猪生产布局，加快提高了本地生猪生产能力以及加强了域外基地建设。同时，加快构建现代化的养殖体系，积极推进了标准化规模养殖和龙头企业发展，推动改造了规模养殖场基础设施建设，逐步促进产业提档升级，从而进一步提升生猪全产业链自动化、智能化、信息化和标准化水平。各地方政府积极统筹抓好蛋类、牛羊肉、禽肉、牛奶等猪肉替代品生产，从而多渠道满足市场肉蛋白类食品消费需求。另外，在特殊事件突发期间，针对个别地方出现的肉类商品脱销和断档现象，通过加快项目审批，协助企业解决饲料供应、能源供应、物资运输、用工、产业链配套等问题，促进本地区相关企业有序扩大养殖产能。

（二）努力打通生猪或猪肉运输配送环节的堵点卡点

各地主要做法是重点打破了运输环节的瓶颈，降低了物流成本，从而使得生猪或猪肉及相关食品能够顺利从产地送到群众手中。例如，不断优化鲜活农产品运输车辆通行服务，建立了鲜活农产品运输绿色通道；对整车合法运输种猪及冷冻猪肉的车辆，免收车辆通行费；保证冷链物流企业用水、用电、用气价格与工业同价，降低了冷链物流企业成本。在应对突发事件方面，国家层面协同行业协会鼓励物流企业积极参与各地应急运输车队，引导数百家物流企业开通必需物资绿色通道，为重点物资跨区配送提供支撑服务。同时，鼓励物流企业与电商沟通，加大猪肉等食品物资供应。另外，各地区优先安排农副产品等生活必需品的运力，对相关车辆“不停车、不检查、不收费”，优先放行。相关省份协调组织辖区重点物流园区和物流企业特别是冷链物流企业参与开展猪肉、粮油、蛋奶等生活用品保障，组织物流企业做好与农副产品生产企业和大型市场、商场、超市等商贸流通企业有序衔接，通过积极备货和运输，全力保障了市场有效供应。

（三）机制性增强生猪或猪肉储备调节能力

为应对2018—2019年非洲猪瘟疫情，国务院有关部门建立会商机制，坚持监测关口前移，及时提示预警生猪和猪肉价格上涨风险，根据形势变化及时组织政府猪肉储备收储和投放，促进猪肉价格在相对高位保持了基本平稳运行，保障了重要节假日和新冠肺炎疫情期间居民猪肉消费基本需求。2021年6月国务院有关部门联合印发《完善政府猪肉储备调节机制 做好猪肉市场保供稳价工作预案》，采取完善监测预警体系、建立常规储备和临时储备制度、健全不同情形下响应措施及中央地方分级调控体系等多种方式，加快构建监测精准、预警及时、响应高效、运作规范的储备调节机制，为猪肉市场平稳运行提供有力支撑。

全国各地结合市场规模和消费格局变化，不断完善猪肉等肉类物资的储备体系，提升储备水平，有效保障了供应安全。有的省（市）在城区储备为主的基础上，不断探索发展了周边产地储备方式，依托大型养殖企业、养殖大户、农民合作社等开展生产基地储备。还有地区积极鼓励有条件的企业增加冻猪肉储备和加大猪肉等必需品进口，多措并举丰富市场需求，保障市场供应。在面对突发事件冲击期间，中央要求各地方加大储备力度，落实和完善政府临时储备制度，从而最大限度地把猪肉等必需品保障好。主要地区结合生猪及猪肉市场出现的供应偏紧乃至断档缺货、价格上涨等情况，合理把握投放节奏和力度，形成了收储和投放的动态平衡机制。在重要节假日等时间节点适时、多渠道集中投放商品，增加了市场供应，保持了总量动态平衡，从而保障生猪和猪肉价格能够在合理范围运行。为缓解因饲料价格上涨、运输中断等原因造成的养殖企业成本高涨，相关部门安排投放玉米等储备，增加了饲料加工原料的供应，这也有助于稳定生猪产业和猪肉市场运行。

专栏9-1

我国政府猪肉储备调节机制的建立与演进

2009年，国务院有关部门发布了《防止生猪价格过度下跌调控预案（暂行）》，充分发挥政府猪肉储备调节作用，并根据形势变化于2012年进行第一次修订，形成了《缓解生猪市场价格周期性波动调控预案》，并于2015年进行了第二次修订。在历史上，相关预案对于促进生猪市场平稳运行、缓解价格周期性波动、保障居民猪肉消费需要起到了积极作用。

党的十九届五中全会通过的《中共中央关于制定国民经济和社会发展第十四个五年规划和二〇三五年远景目标的建议》明确提出“保障粮、棉、油、糖、肉等重要农产品供给安全，提升收储调控能力”。为更好适应生猪市场的新形势新变化和满足人民群众的美好生活新期待，国务院有关部门将应对2018—2019年非洲猪瘟疫情冲击过程中的政府猪肉储备调节经验和做法机制化制度化，于2021年6月发布了《完善政府猪肉储备调节机制 做好猪肉市场保供稳价工作预案》。与2015年预案相比，2021年预案对预警指标和区间、储备分类和规模、储备调节机制等核心内容做了修改完善。一是丰富预警指标。2021年预案保留了“猪粮比价”指标，该指标是直观反映生猪养殖成本收益对比关系的重要指标。同时增加了两个指标，一个是“能繁母猪存栏量变化率”，该指标能够显著提高风险预警和储备调节工作的前瞻性；另一个是增加了“36个大中城市精瘦肉平均零售价格”指标，该指标更贴近消费者感受，在猪肉价格过度上涨时能够及时作出预警和响应。二是调整预警区间。2021年预案区分生猪价格过度下跌和过度上涨两种情形，设立了三级预警区间。根据近年来养殖成本收益变化情况，将生猪养殖盈亏平衡点对应的猪粮比价提高到7：1，当猪粮比价处在9：1至7：1时不进行预警，为市场自发调整留有充足空间。三是分类设置储备。2021年预案依据猪肉储备的不同功能定位，区分了常规储备和临时储备。

（四）完善猪肉相关批发零售体系

各地积极建设配送能力更强、供应品项更全、智能化效率更高的城市农副产品物流配送中心。充分发挥保供骨干企业的作用，鼓励大型超市、连锁经营企业、批发市场直接与生猪产地建立长期产销合作关系，加强生猪或猪肉货源组织以及调度，进一步保障货源稳定供应。相关地区派出驻场员进入农贸市场等流通基地，点对点监测猪肉供需情况，督促企业抓好货源组织和补货工作。特殊情况下，相关省市启动应急保障预案，积极加强货源组织，加大从省外地区组织冻猪肉调运，在城区设立平价商品投放点，多措并举确保当地供应。消费集中地区积极组织肉类进口贸易企业等冻猪肉贸易商与熟食加工企业、医院、学校等大客户对接。

（五）加大金融财政扶持，助力养殖场（户）降本增效

加大金融支持的力度，各地要求各金融机构积极简化流程、降低门槛，为生猪养殖企业提供信贷支持和优化金融服务。要求金融机构不得对生猪养殖场（户）、屠宰加工企业等盲目停贷、压贷、抽贷、限贷。积极引导金融机

构创新金融信贷产品。进一步健全和完善了种猪企业临时性生产救助、养殖育肥保险补贴等一系列专项扶持政策，同时各级财政为缓解企业恢复生产和改扩新建资金压力，给予了短期贷款贴息支持和政府担保服务，加快恢复了生猪养殖主体的积极性。同时，积极争取中央预算内资金支持生猪规模化养殖场建设，对列入国家支持的新建、改建、扩建种猪场和规模猪场（户），禁养区内规模猪场（户）异地重建等给予一次性补助。对具有种畜禽生产经营许可证的种猪场及年出栏5 000头以上的规模猪场（户）按2%的比例给予短期贷款贴息支持，适当延长对种猪场、规模猪场（户）流动资金贷款贴息。此外，还有对畜禽养殖废弃物处理、病死畜禽无害化处理和资源化利用等补贴范围内农机购置实行补贴。

（六）加强质量安全监管，确保肉类食品安全

各地区政府加大主要猪肉流通、加工、餐饮等各环节质量安全监管，严格监督集中交易市场开办者、加工企业和餐饮服务单位，积极落实了进货查验与记录等主体责任。重点加强了生猪等各环节质量安全监管，严防问题生猪产品进入市场和生产加工企业以及流向餐桌。强化猪肉市场价格监测，各地重点关注节假日等重要时间节点猪肉市场供应及价格变化情况，及时掌握市场价格动态以便迅速处置。各地政府及时处理了投诉举报，查处了捏造散布生猪和猪肉涨价信息、哄抬价格、囤积居奇、串通涨价等各种违法行为，加大了处罚力度。多地还及时开展了提醒告诫，敦促了市场主体加强市场行为尤其是价格行为自律。

归纳以上经验，主要有三点。一是完善生猪、猪肉产供储销加体系。着重从生产、运输、储备、销售等重点环节着手，完善体制机制建设，确保关键时期能调得进、供得上。在突发冲击事件期间，积极针对生猪生产、运输和猪肉销售进行调控，确保居民家庭必需品稳定供应。二是各地方积极运用

财政补贴和金融政策引导和鼓励生猪生产、储备、销售，从而保障猪肉流通和销售渠道畅通，缓解了结构性供需矛盾和疫病疫情等的不利影响。三是强化价格监测和质量监管。针对生猪、猪肉、玉米、豆粕等开展常态化监管，强化市场监测预警，打击捏造、散布猪肉和饲料涨价信息、哄抬价格、推动价格过高上涨等不正当竞争行为。

三、保障生猪产业稳定运行面临的压力和挑战

（一）突发恶性动物疫情明显增多

从历史来看，2018年7月开始席卷全国生猪生产省份的非洲猪瘟，导致2019年生猪和猪肉价格持续大幅走高，精瘦肉零售价格同比涨幅一度超过110%，给稳定物价总水平和普通居民生活带来了较大冲击性影响。展望未来，恶性动物疫情增多的不确定性，将是稳定生猪产业和猪肉市场运行的首要挑战。

（二）精准提高生猪产业和猪肉市场逆周期调节的效能

因为猪肉的产量和价格之间存在明显的“蛛网效应”，“猪周期”是扰动猪肉市场运行的主要因素，所以需要采取结构性的逆周期调节措施，在价格持续下跌阶段鼓励和扶持生产，避免当期产能收缩导致下次有效产量大幅下滑，从而起到“削峰填谷”平抑价格的作用。这种逆蛛网周期的结构性调节，与宏观经济逆周期调节机理不同，但同样涉及提高逆周期调节的效能问题。近年来，生猪产业存在周期性叠加冲击性、体制性等问题，2019年的非洲猪瘟疫情导致供给出现了短期内无法弥合的较大的供给缺口，更加考验逆蛛网周期调节的能力和措施精准度。不能排除未来再次面临类似的严峻挑战。

（三）生产集中与消费分散的矛盾有所加剧

近年来，我国生猪生产进一步向优势产区集中，“区域性生产、全国性消费”的特征较为突出，对防风险和稳价格提出更高要求。例如，生猪生产日益向几大主产区集中。客观上，农副产品产区更加集中导致灾害风险的分散能力有所降低，主产区一旦遭遇疫情或灾害性天气，因灾大幅减产即可能导致价格大幅波动，如若叠加资金炒作，生产集中度高的产品价格波动幅度会更大。

（四）农副产品现代流通体系与市场体系尚待健全

基层和农村市场流通设施建设相对滞后，冷藏车、冷库、专用仓库等设施数量仍有不足，局部地区规模化物流和集中配送中心及批发市场设施不够健全，基层物流体系和科技配备落后，尤其是中西部欠发达地区经常出现饲料等农资运不进来，生猪及猪肉运不出、调不走的情况，产销无法更为高效地衔接也是造成市场供给不够稳定、城乡价差拉大等问题的原因。

（五）冻猪肉外采率明显上升可能导致输入性风险

传统意义上讲，猪肉本来是我国自给率较高、外采率很低的商品。但是2019年受非洲猪瘟疫情影响，为了弥补短期产生的较大供给缺口，猪肉进口规模开始明显增加，占国内消费量的比重也从此前不足5%提升到10%左右。根据国家统计局和美国农业部数据，2020年，全球猪肉产量为9 787.5万吨，中国猪肉产量4 113万吨，占比42%；全球猪肉进口量为1 037万吨，我国进口量480万吨，占比46%，进口猪肉占国产猪肉比重已超过10%。受我国猪肉进口需求规模增长的影响，美国、欧洲、东南亚等生猪饲养大国和地区放量生产猪肉，国际市场猪肉贸易价格一度出现抬升，随着我国猪肉外采率的提升，也对国内市场产生了影响。

（六）生猪及猪肉金融属性越来越明显

2018年以来，非洲猪瘟疫情一度成为国际金融资本炒作的新热点，伴随我国生猪和猪肉供给产生了较大缺口，可以观测到有资金进入生猪生产、流通环节，肉类相关股票基金等衍生品市场比较活跃，对于推涨最近一轮所谓“猪周期”价格的高涨幅度产生了直接影响。当前和未来，全球和国内流动性环境变化仍存在不确定性，不利天气、疫病疫情对于生猪生产可能继续带来不利影响，阶段性或区域性供给缺口，都可能引发股票市场、债券市场、期货市场上生猪、猪肉相关衍生品价格的波动，对于这类金融衍生品市场风险同样需要高度警惕。

四、保障平稳运行的思路对策

建立稳定生猪产业和猪肉市场运行的长效工作机制，完善中央与地方权责明确、政府与市场主体高效衔接的综合治理体系，健全以生产扶持、储备收放、综合补贴、进出口调剂为主的政策工具体系，重点提升供应保障能力、逆蛛网周期调控能力和健全制度保障体系。

（一）健全生猪生产保障机制

提升生猪规模化养殖水平。规模化养殖能够有效降低猪肉养殖业蛛网周期的特点，进而平抑“猪周期”的内生波动。进一步提升大型养殖场和养殖企业在种群选育、养殖技术、疫病防治等领域的水平，积极研发包括非洲猪瘟疫苗在内的各类生猪疾病疫苗，降低“猪周期”及疫病等对我国生猪产业的影响。各级政府统筹抓好猪牛羊肉、禽肉、蛋类、牛奶等肉蛋白类商品生产，多渠道满足市场消费需求。有序推进家禽类饲料的生产，保证相关饲料的稳定供应。进一步优化审批服务，加快有关农副产品、农用物资项目的审批速度，减少相关制度性交易成本，激励更多的社会资本参与发展生产和组织模式创新。落实重点企业“服务包”制度，积极帮助各类企业稳定生产经营，协助企业解决原材料供应、饲料供应、能源供应、物流运输、产业链配套等诉求。

加大对生猪养殖等生产环节的财政金融扶持力度。构建以绿色化、生态化为导向的农业补贴政策体系。改进补贴方式，采用更加市场化商业化的方式来实现补贴目标，逐步引导养殖业生产向高品质高附加值的方向发展。研究完善种猪种牛种羊企业临时性生产救助、养殖育肥保险补贴等一系列专项扶持政策。提高国家生猪调出大县奖励资金，重点支持生猪生产发展、动物疫病防控和流通基础设施建设。引导金融机构创新金融信贷产品，实施无还本续贷，探索将土地经营权、养殖栏舍、大型养殖机械等纳入抵质押物范围，拓宽生猪、牛、羊等生产资金来源渠道。发挥农业融资担保体系作用，为符合条件的养猪养牛养羊场户提供便利高效的征信支持和融资担保服务。完善担保服务，各级政府性融资担保、再担保机构应当提高业务办理效率，取消反担保要求，降低担保和再担保费率。

（二）健全猪肉储备调节机制

健全生猪及猪肉储备体系，完善储备调节机制，在关键时期有利于扩大投放规模，保证市场供应充足和价格稳定。鼓励各省批发零售市场等大型骨干市场和商超连锁企业加大货源储备，依托大型养殖场、农民合作社、养殖大户等开展生产基地就地储备。支持冷藏库、冷链等仓储运设施建设，在降低农民养殖风险的同时保障市民消费需求。探索通过公开招标等方式择优选择并依托农产品骨干生产流通企业承储，平常时期正常轮换，应急时按指令投放，发挥好储备猪肉对市场的调节作用。科学把握储备投放节奏，结合重要农产品市场出现供应偏紧乃至断档缺货、价格显著上涨等情况，合理把握投放节奏和力度，在重要时间节点适时、多渠道集中投放冻猪肉储备，增加市场供应，保持总量动态平衡。

（三）完善猪肉进口调节机制

加强对国内外检验检疫标准的研究，借鉴国际经验，构建进口肉类的技术性贸易措施，发挥技术手段对进口的调节作用。建立有关部门之间的沟通协调机制，根据国内猪肉市场供需状况，执行相关法规和检查手续，从而充分发挥进口市场化调节作用。建立健全国内生猪及猪肉相关期货衍生品市场体系，促进期货市场和现货市场有效关联，更好发挥价格发现和套期保值功能，优化投资者和交易者构成结构，吸引实体企业和规范中介机构参与交易，加强与国际规则对接。有序加大肉类商品衍生品体系创新力度，完善期货交易平台规则体系，完善和拓展交易平台功能。

（四）促进产销衔接和跨区调运

畅通运输和物流通道，合理安排高速公路出口，猪肉等生鲜农产品严格执行“绿色通道”制度。尤其在特殊和重点时期，运力优先保障生活必需品，确保应急运输绿色通道不中断。加强省内运输通道建设，及时制止擅自设卡拦截、阻断交通等行为，提高产销衔接效率。积极发挥物流骨干企业的作用，突出生鲜电商前置仓、实体店到家等特色，保障肉类生鲜的运输和快递需求，有效缓解阶段性运输紧张。降低冷链物流成本，保障冷链物流企业用水、用电、用气价格与工业同价。

（五）完善生猪和猪肉批发零售体制

需求大省加强与养猪大省、大型养殖企业和农合组织沟通联系，加大调运力度，稳定市场供应。建立大型流通企业产销对接和调运机制，鼓励大型超市、连锁经营企业、批发市场直接与周边产地建立长期产销合作关系，创新“互联网+菜篮子”“超市+平台+基地”“市民+平台+基地”等线上线下交易模式，进一步减少产销中间环节，降低交易成本。围绕拓宽流通渠道、促进产销对接、破解买难卖难目标，利用知名农业品牌营销、农村电商销售、网络直播、主播带货、短视频营销、节日新消费市场培育、“农产品+”展会创新等多种营销手段，不断探索创新农产品市场营销模式。同时，积极推进社区智慧微菜场建设，发展社区生鲜网店，引导农产品流通企业拓展产销一体化运营模式和线上线下销售渠道。鼓励社会资本积极参与建设惠民生鲜超市、搭建农副产品电商销售平台，积极打造公益性与市场化相结合的流通设施。

（六）做好困难群体补助和市场预期引导

注重发挥社会救助、价格补助等政策合力，缓解猪肉等重要农产品价格上涨对困难群众的影响。各级民政、社保、退役军人事务等部门要确保及时足额发放价格补助到困难群众手中。完善基本生活必需品价格上涨与困难群众生活补助联动机制，扩围和加力补贴政策务必落细落实。高度关注大中专院校学生食堂猪肉供应和饭菜价格，在原材料、用工等成本短期内快速上涨时，通过高校食堂饭菜价格平抑基金稳定饭菜价格。准确把握宣传导向，加强信息公开，开展正面宣传，重点向社会宣传相关部门在生猪等主要农副产品增产增收、供应保障方面所做的积极工作，客观反映生猪产业和猪肉市场实际供需情况，消除不必要的恐慌，防止和平抑市场炒作，合理引导市场预期。有关部门采取的针对生猪、猪肉等重要农产品的临时干预措施，要及时向全社会公布，并确保市场相关利益主体有渠道获得信息。拓宽生猪及猪肉市场运行和价格波动的媒体公开披露渠道，引导传统媒体、新媒体、自媒体采用统一、权威、可靠的信息来源，及时、全面、客观报道，以稳定市场预期。

第十章
“我”为什么种地？
——关于农民种粮积极性的调研[①]

悠悠万事，吃饭为大。从古至今，确保粮食安全都是治国安邦的首要政务，都是一国农业发展的最核心目标之一。作为人口总和达14亿人的国家，我们的吃饭问题必须依靠自己，口粮安全必须绝对保证。特别是在新冠肺炎疫情冲击背景下，粮食安全的重要性进一步凸显。在对全国第一产粮大省黑龙江省的调研中发现，得益于粮食生产的规模化经营水平较高、全程机械化程度较高、农业补贴政策效果明显、配套政策支持力度较大等原因，黑龙江省农业发展态势良好，农民种粮的积极性总体较高。但同时应看到，近年来，种粮成本持续较快上涨导致种粮收益空间压减、粮食价格波动幅度较大导致种粮收益预期不稳、抵御自然灾害能力较弱导致种粮主体难承风险、软件要素支撑明显不足导致生产能力遇到瓶颈、打工收益相对较高导致部分农民不再种地而选择外出务工等问题不断凸显，对于农民种粮积极性产生越来越大的影响。应加快推动粮食适度规模经营，完善政策性农业保险体系，健全粮食主产区利益补偿机制，提升耕地地力和农田水利设施建设水平，强化农业人才支撑，提升农业机械化智能化发展的社会化专业服务水平，多管齐下，保障农民种粮积极性，不断提升我国粮食安全保障能力和国际竞争力。

① 张圆希、吴冠生、张然3位调研组成员参与了本报告的撰写工作，在此一并表示感谢。

2021年，作者以“农民种粮积极性研究”为主题，于7月中下旬赴黑龙江省开展调研。其间，调研组深入黑龙江省齐齐哈尔市2县4乡（镇）3村，实地走访粮食种植、粮食收储、粮食加工、粮食贸易等相关企业10余家，深度入户访谈小农户、种粮大户、合作社负责人、粮食小贸易商、商会会长等从业人员20余位，召开省级和县级专题座谈会3场。此次“蹲点式”调研成效明显，调研组较为深入地了解到当前农民种粮积极性的总体情况和问题，总结提炼了我国最大粮食生产省份在保护和调动农民种粮积极性的成功做法与经验模式，获得了大量一手资料和鲜活案例，为提出进一步提升农民种粮积极性、保障粮食安全的对策提供了扎实支撑。

一、黑龙江省粮食生产总体情况

（一）全国最大的粮食生产基地和商品粮输出基地

作为全国第一产粮大省，黑龙江省粮食综合生产能力实现了跨越式发展。粮食产量在新中国成立之初仅五六百万吨，2000年增长至3 000万吨，2008—2017年，粮食产量实现了年均8.2%的高速增长，远高于全国同期2.8%的增速，产量接连跨越4 000万吨、5 000万吨、6 000万吨、7 000万吨大关。2020年，该省粮食总产量达到7 541万吨，已连续4年稳定在7 000万吨以上，占全国粮食总产量的比重也从新中国成立之初的不足1/20上升至当前的超过1/9，全国人民9碗饭中就有1碗来自黑龙江（图10-1）。黑龙江不但是全国第一产粮大省，同时也是全国最大的商品粮输出基地。2020年，该省粮食调出量占全国各省可调出总量约为1/3，是名副其实的“中华大粮仓”。

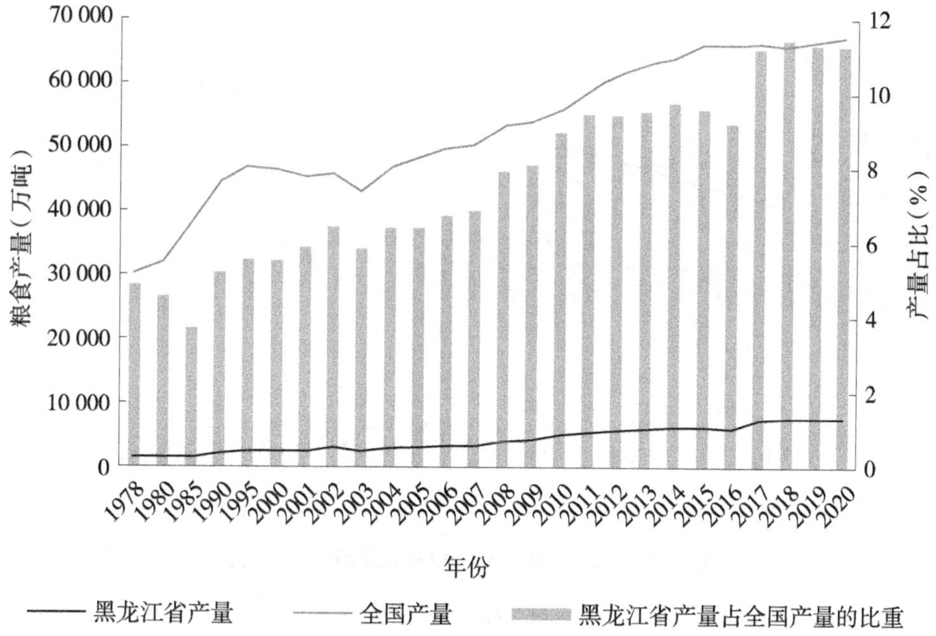

图10-1 黑龙江省粮食产量变化情况

（资料来源：Wind数据）

（二）现代大农业的全国样板

黑龙江省始终坚持现代农业发展方向，不断提高农业的机械化、科技化、产业化、规模化水平。农业生产的耕、种、管、收等基本实现全程机械化，包括智能化育秧车间、自动精量播种、飞机航化“无人”作业、自带导航系统的大型农机等。2019年底，黑龙江省拥有农业机械总动力6 359万千瓦，比2010年增长了70%（图10-2）。机械化作业面积也持续增长，特别是机收面积2019年比2010年增长了57%（表10-1）。通过推广水稻旱育稀植等高产模式，该省还建立了近400个现代农业科技园，农业科技贡献率远高于全国平均水平，农作物良种覆盖率和农产品优质化率已达100%，是全国现代大农业的典型样板。

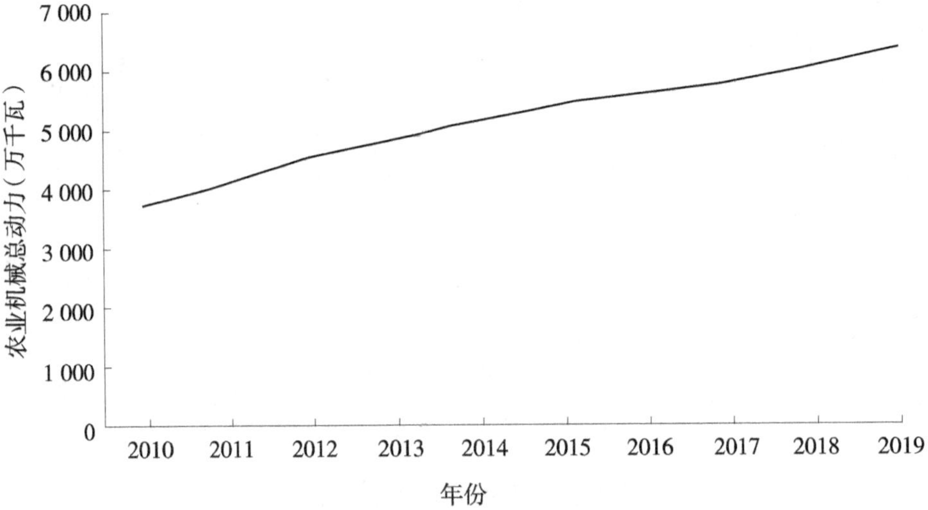

图10-2　黑龙江省拥有农业机械总动力变化情况

（资料来源：Wind数据）

表10-1　黑龙江省农业机械化作业面积变化情况　　单位：千公顷

年份	机耕面积	机播面积	机收面积
2010	13 513	12 703	8 933
2011	13 980	13 431	9 581
2012	14 347	13 670	10 303
2013	14 561	13 988	10 995
2014	14 365	14 141	12 362
2015	14 375	14 202	12 931
2016	14 538	14 341	13 291
2017	14 251	14 166	13 571
2018	14 211	14 252	13 813
2019	14 169	14 437	14 014

资料来源：Wind数据。

（三）全国绿色食品第一大省

黑龙江省发展绿色食品产业具有天然优势。首先，生态状况良好，境内水系发达，黑龙江、松花江源头来水充沛、没有污染，为绿色食品生产提供了天然保障。其次，三江平原、松嫩平原等土质肥沃，土地处于半年休耕状态，寒地黑土有机质、微量元素居全国首位，亩耕地化肥和农药施用量远低于全国平均水平。此外，全省冬夏温差大，植物病虫害和畜禽疫病也相对较少。为有效发挥比较优势，该省早在2013年就发布了《黑龙江省绿色食品产业发展纲要》，加快推动绿色食品产业发展。据省农业农村厅统计，目前该省绿色、有机食品认证面积超过8 000万亩，约占全省耕地面积的1/3。其中，绿色食品播种面积从2002年的52万公顷快速增长至2019年的492万公顷（图10-3）。可以看到，黑龙江省正从“中华大粮仓”向全国的“绿色大厨房”转变，其比较优势也逐步从产量规模提升转向品质安全保障。

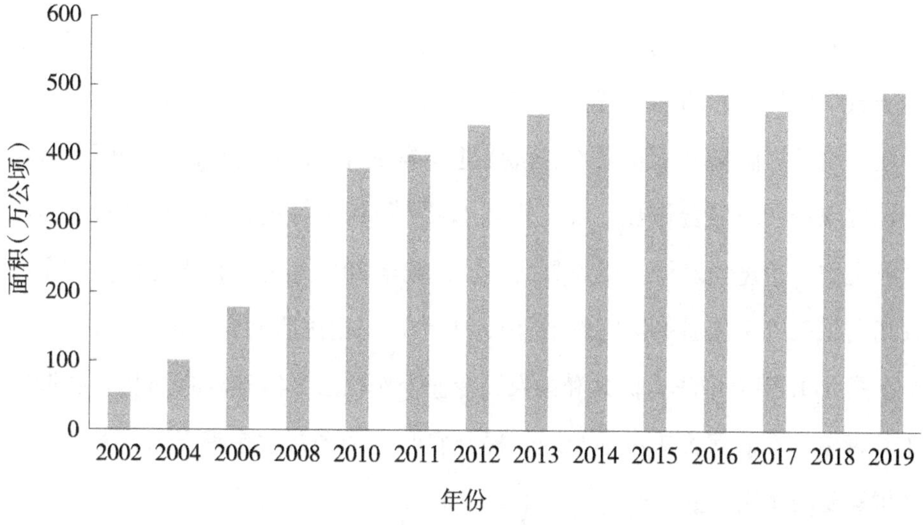

图10-3　黑龙江省A级绿色食品播种面积变化情况

（资料来源：Wind数据）

（四）种粮积极性总体较高

影响农民种粮积极性的最核心因素就是种粮的比较收益。调研发现，黑龙江省农民的种粮积极性总体较高。首先，该省农业发展基础较好，新型农业经营主体的种植面积较大，土地流转程度较高，能够实现规模经济。其次，各种农业补贴和政策托底作用得到充分发挥，特别是三大粮食作物完全成本保险和种植收入保险实施范围的迅速扩大，有效提升了农业保险的保障水平，确保了农民种粮的基本收益。最后，大规模的机械化作业进一步降低了成本，提升了效率。2020年，该省农村居民人均可支配收入达16 168元，城乡收入比为1.92，远低于全国2.56的水平，农民的种粮积极性总体较高。

（五）新型农业经营主体蓬勃发展

加快培育新型农业经营主体是建设现代农业的前进方向和必由之路，是破解“未来谁来种地”问题的关键所在，也是促进小农户和现代农业发展有机衔接的必然要求。近年来，黑龙江省农业从业人员持续减少，2019年首次少于600万人，比2010年减少了82万人（图10-4），但同期粮食产量却实现了较快增长。除播种面积增长、科技进步等因素外，很重要的一个原因就在于家庭农场、农民合作社、农业社会化服务组织等各类新型农业经营主体和服务主体快速蓬勃发展。相关数据显示，截至2017年底，该省在农业部家庭农场名录系统中注册的家庭农场有1.9万个，登记注册的农民合作社有9.6万个，是2007年《中华人民共和国农民专业合作社法》实施时的24倍。新型农业经营主体在破解谁来种地难题、提升农业生产经营效率等方面，发挥着越来越重要的作用。

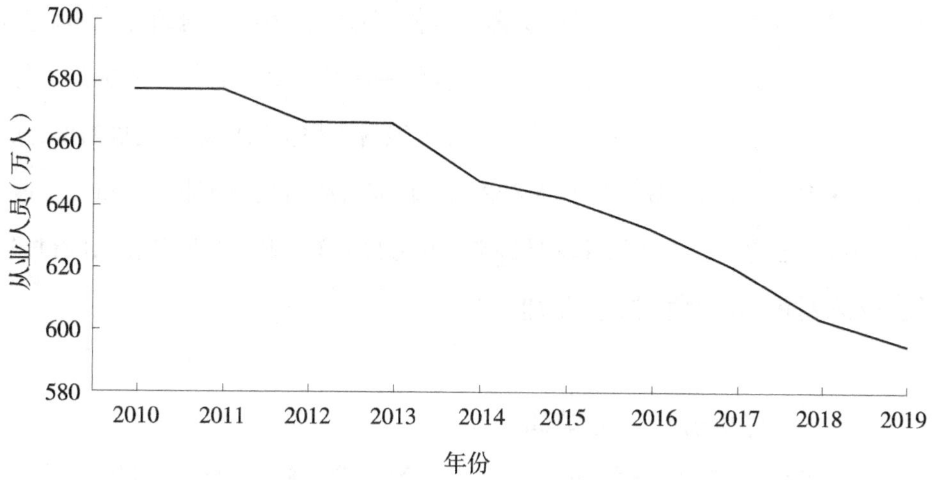

图10-4 黑龙江省农业从业人员数量变化情况

（资料来源：Wind数据）

二、黑龙江省农民种粮积极性较高的主要原因

（一）规模化经营水平较高

一是全省规模经营水平高。黑龙江省实施新型农业经营主体培育工程，培育发展家庭农场、农民合作社、龙头企业和社会化服务组织，支持新型农业经营主体提升服务和带动小农户提高发展能力。目前，全省9.6万家的农民合作社和35万个家庭农场，辐射带动了该省近60%的耕地。二是地方积极推进适度规模经营。齐齐哈尔市依安县从2019年开始推进土地规模经营，通过建立股份制合作社托管土地等方式实现土地规模经营229.54万亩，占旱田面积的64.7%，实现整村推进40个，整屯推进387个，培育和发展服务主体416个。农民以土地和资金入股，合作社实行从种到收的全程社会化代耕托管，通过统一购买物资、统一整地、统一播种、统一中耕管理、统一收获、统一销售，不但有效降低了生产成本，而且提高了农产品品质和种地收

益。三是农民在规模经营中得到实惠。以依安县太东乡沿江村田野合作社为例，农民以土地和资金入股，委托合作社统一种植大豆，托管费用标准为每亩200元，实际每亩支出199.63元，较非入股村民种植大豆每亩成本218.2元节约了8.5%，每亩大豆销售收入808元，较非入股村民每亩收入696元多收了16.1%，加之入股土地额外享受每亩150元的轮作补贴，从而使得入股村民较非入股村民每亩大豆纯收益增加约280元。

（二）全程机械化程度较高

一是全流程基本实现机械化。在齐齐哈尔市富裕县三家子村调研过程中发现，当地水稻种植的犁地、育苗、插秧、植保、收割等环节均以机械为主，只需少量劳动力配合即可，如一台育秧机为1 200亩地育秧仅需7～8人工作4～5天。二是规模经营进一步促进机械化。随着合作社经营面积的扩大，已经有条件使用大型农机具，这样既进一步提高了效率、降低了成本，又因进行深翻深耕作业，保护了土地肥力。三是机械化自有率较高。三家子村户均拥有两台农用机械，家家都有插秧机。从走村入户情况看，该村几乎每家农户院内都停放有农机。四是农机服务较为便利。该村的一位粮食经纪人自家种植50亩水稻，他说农机相关社会化服务十分便利，通过微信群就可进行联系，还能享受上门服务。

（三）农业补贴政策效果明显

一是耕地地力补贴增加农民收益。黑龙江省耕地地力补贴标准为每亩56.72元，向该省拥有耕地承包权的种地农民发放，提高了农民基本收益。二是生产者补贴促进结构调整。通过实行玉米、大豆和稻谷差异化补贴标准，“十三五”期间该省扩大大豆补贴面积1 274.12万亩；实施水稻生产补贴向地表水灌溉倾斜政策，扩大地表水灌溉补贴面积244.68万亩，五年来发放粮食生产者补贴资金1 104亿元。2018年开始，连续4年在春播前释放大豆、玉米差异化补贴的政策信号，引导农民合理安排种植结构。三是轮作休耕补贴保护地力。2016—2020年，累计完成耕地轮作休耕试点面积4 545.3万亩，累计补助86亿元，促进地力保护和农业增效。四是一次性种粮补贴补偿农资价格上涨。该省按照今年的玉米、大豆、稻谷合法种植面积，向三种粮食作物的实际种粮农民发放了一次性补贴，基层政府和农民普遍表示“没想到”。从调研情况看，每亩11元的补贴标准基本可以覆盖水稻生产过程中的农资成本上涨。

（四）配套政策支持力度较大

一是开展高标准农田建设。2020年，黑龙江省新建成高标准农田882.9万亩，新修田间道路1.78万公里，新增改善灌溉面积243.5万亩，受益农户36万户。截至2020年底，该省累计建成高标准农田面积8 112.7万亩。高标准农田建设项目每亩投入1 500元，经过中央财政和省财政补贴，县财政每亩仅需配套300元。二是有效落实最低收购价政策。落实最低收购价执行预案，做好价格监测，及时启动收购，对符合质量标准且有销售意愿的稻谷做到敞开收购、应收尽收，本收购季以最低收购价收购稻谷114亿斤。考虑到疫情防控影响，连续两年将最低收购价执行期限延长1个月，确保农民种得好、卖得出。三是实施农业保险。2020年，该省政策性种植业保险承保面积共1.35亿亩，提供风险保障511亿元，大灾保险承保面积共1 742万亩，提供风险保障131亿元。2021年7月开始三大粮食作物完全成本保险和收入保险试点，在4个县开展水稻、小麦和玉米完全成本保险试点，保险金额分别为每亩1 405元、628元和911元，在1个县开展玉米收入保险试点，保险金额为每亩1 074元，经过中央、省、县三级补贴，农户只需支付保费的20%。

三、制约农民种粮积极性进一步提升的主要因素

从整体来看，作为全国最大的粮食生产基地和商品粮基地，黑龙江省种粮积极性维持在一个较高的水平。但在调研过程中，通过实地走访和座谈等方式发现，当前存在着一些制约农民种粮积极性进一步提升的因素，集中体现在以下几个方面。

（一）种粮成本持续较快上涨导致种粮收益空间压减

对农民而言，种粮首先要算经济账。愿不愿意种、种多少，关键还是要看是否有利可图。调研发现，尽管2020年秋粮上市以来，玉米、大豆等粮食价格有不同程度上涨，但2021年以来土地流转价格、人工成本和化肥等农资价格也随之水涨船高。种粮成本上涨对农民种粮积极性带来直接影响。同时，化肥市场价格和人工成本也持续上涨，与地租价格上涨叠加在一起，挤压了种粮收益空间。

（二）粮食价格波动幅度导致种粮收益预期不稳

2020年以来，国际粮价高位震荡，得益于国内疫情的有效控制和粮食生产的稳中向好，我国粮价总体保持稳定。但调研中发现，部分粮食中间商存在非理性行为，一方面加大了粮食价格的波动幅度，另一方面也因粮价波动造成自身经济损失。以玉米为例，2020年市场价格一度大幅上涨，一些粮食中间商认为接下来行情会更好，从而出现售粮进度放缓，甚至囤粮待涨的情况。但2021年一季度后，玉米市场价格出现震荡下行，部分小型市场主体将手里余粮集中投放市场，结果加速价格下行。

（三）要素支撑明显不足导致生产能力提升遇到瓶颈

社会化服务体系相对滞后。农业生产社会化服务的有效供给能力较低问题仍较为突出，不能完全匹配各农业生产主体对农业生产社会化服务的需求。技术进步仍有较大提升空间。农用机械尤其是国产农用机械难以完全满足生产需要，进口机械虽然收割效率更高，但价格也较国产机械高出不少。

四、提高农民种粮积极性的政策建议

（一）高质量发展粮食适度规模经营，加快实现粮食生产现代化

黑龙江省的实践表明，推广专业大户、股份制合作社等适度规模经营模式，通过扩大土地面积、使用先进大型农具机械和标准化种植，可以有效提高要素配置效率和全要素生产率，形成规模效应，提升农民种粮收益，加快粮食生产现代化步伐。应发挥典型案例的示范引领作用，鼓励各地因地制宜地推动粮食适度规模经营。一是进一步完善土地流转机制，应用土地信息化管理平台，提高效率、保障土地流转规范有序，打牢适度规模经营基础。二是研究符合本地区实际的规模经营标准，匹配适宜的现代化农机装备，兼顾提高土地生产率、劳动生产率和资产生产率。三是各项补贴遵循“存量稳定、增量倾斜”原则，适当向规模经营主体倾斜，发挥补贴扶持、引导作用。

（二）加强高标准农田建设和黑土地保护利用，提升粮食高产稳产能力

建设高标准农田是巩固和提高粮食生产能力、保障国家粮食安全、增加农民收入的关键举措。一是坚持新增建设和改造提升并重、建设数量和建成质量并重、工程建设和建后管护并重，努力实现高质量建设、高效率管理、

高水平利用，切实补上农业基础设施短板。二是加强保护黑土地资源，防止黑土地数量减少、质量下降，促进黑土地资源可持续利用，维护生态系统平衡。三是完善建后管护机制，建立全国统一数据库，依托遥感监测等对高标准农田和黑土地实现全程监控、精准管理。

（三）发挥粮食主产区优势，完善粮食主产区利益补偿机制

粮食主产区是保障我国粮食有效供给的主要动力源，而产粮大省往往也是经济相对较弱、财政能力不强的地区，出现粮食生产能力与财力之间“粮财倒挂”的情况，应进一步完善粮食主产区利益补偿机制，切实保护和提高主产区粮食生产积极性。一是从中央财政层面加大对粮食主产区财政转移支付和奖补力度，涉农资金优先向主产区倾斜，在直接与粮食生产相关的项目，如高标准农田建设、农业保险保费补贴等资金安排上适当降低县级配套比例。二是建立健全粮食主销区对主产区的利益补偿机制，以粮食调出量为核心，探索体现“谁受益、谁补偿”原则的“产补”挂钩补偿模式，如粮汇交易、粮食收益保障基金等，以粮食为纽带加强产销区投资合作。

（四）进一步完善政策性农业保险，扩大粮食作物完全成本保险和种植收入保险实施范围

农业保险是三农的“稳定器”，是农民种粮的“定心丸”。从2007年开始，我国政策性农业保险快速发展，现已实现重要农产品基本险全覆盖和主产区产粮大县三种粮食作物大灾保险全覆盖。一是继续完善政策性农业保险，进一步丰富险种、扩大覆盖面、适当提高赔付标准。二是按照试点进程，自2022年起，将完全成本保险和种植收入保险在主产区产粮大县全面铺开。三是在大力推进农业保险“提标、扩面、增品”的同时，也要进一步完善农业再保险体系和建立大灾风险基金，分散农业保险风险，保障保险业务稳定性。

（五）加强主产区粮食生产配套基础设施统筹规划，有效提升耕地地力和农田水利设施建设水平

耕地是粮食安全的命根子，须进一步夯实藏粮于地的物质基础。一是加强高标准农田建设和黑土地保护，综合实施轮作休耕、秸秆还田、增施有机肥、深松整地和保护性耕作，不断提高耕地质量。二是针对农田水利设施仍然是粮食生产基础设施建设中相对薄弱环节的实现情况，进一步加强统筹规划，抓紧修复灾毁设施，健全水利灌溉体系，加速节水工程建设，发展管道输水，减少渗漏蒸发损失，推动农田水利基础设施上台阶。

（六）以乡村振兴战略为契机，强化农业人才支撑

人才是农业发展的重要战略资源，必须坚持把引进人才与培养人才通盘谋划，将留住人才与作用发挥统筹考虑，着力破解农业人才总量偏低、外流严重、素质不高、作用发挥不好等现实瓶颈制约，不断夯实农业发展的人才支撑。一是健全人才投身乡村建设的激励机制，打破体制壁垒，扫除身份障碍，多措并举鼓励科研人员和农技推广人员到农村合作社和龙头企业任职、兼职或担任技术顾问，允许科技特派员停薪或带薪留职创办或以技术入股涉农企业，加强城乡间、体制内外农业科技人员的自由流动，积极营造有利于人才健康成长、脱颖而出的制度环境。二是加大对“三农”领域实用专业人才培育力度，进一步扩大培训补贴范围，形成以种植大户、家庭农场负责人、专业合作社管理者、龙头企业领导层、农民企业家、返乡农民工、农家乐和农产品网店等从业人员等为主体的多层次、多途径、多方式的职业技能培训。拓宽培训渠道和形式，整合人社、农业农村、教育、扶贫等部门劳动力就业培训机构的资金、设施、师资等资源，创新补贴方式，健全培训体系。三是优化农村生产生活环境，坚持用感情留人、用事业留人、用环境留人，聚焦

产业链打造人才链，激励各类人才在农业生产中大施所能、大展才华、大显身手。

（七）提升社会化专业服务水平，促进农业机械化智能化发展

发展农业社会化服务是激发农民生产积极性、保障国家粮食安全和重要农产品有效供给的重要举措，也是促进农业高质量发展的有效形式。与加快推进农业现代化的要求相比，我国农业社会化服务还面临产业规模不大、能力不强、领域不宽、质量不高、引导支持力度不够等问题，迫切需要加快发展。一是提升科技水平，落实藏粮于技战略，通过农业社会化服务，将先进品种、技术、装备等现代生产要素有效导入农业，进一步提高农业生产专业化、标准化和集约化水平，有效促进农业节本增效和农民增产增收。二是拓展服务领域，坚持需求导向，聚焦生产的关键薄弱环节，引导服务主体不断开拓新的服务领域，逐步从产中向产前、产后等环节及金融保险等配套服务延伸，不断提升社会化服务对农业全产业链的覆盖率和支撑作用。三是创新服务机制，鼓励服务主体积极创新服务模式和组织形式，因地制宜发展单环节、多环节、全程生产托管等服务模式，有效满足多样化的服务需求。

结语：展望2035年——中国特色农业现代化的本质特征与实现路径

中国特色农业现代化是我国社会主义现代化的基础和支撑。作为一个动态概念，农业现代化的内涵随着技术、经济和社会的进步而变化，其不仅仅体现在物质生产方面，更涵盖农业生产制度、政策体系、组织形式、城乡关系、国际贸易等各个方面。由于我国在历史背景、资源禀赋、文化传承、社会制度、发展模式等方面均与已实现农业现代化的国家有所不同，我国的农业现代化也将呈现与欧美为代表的西方模式明显不同的特点。在这个过程中，需要重点解决好三大关键性问题，并通过构建农业“三有”经济体制、建立城乡要素统一市场、实现更高水平供需平衡、提升开放条件下农业竞争力等重要举措，确保2035年中国特色农业现代化如期实现。

一、中国特色农业现代化区别于西方的四大鲜明特征

与西方发达国家相比，我国的农业现代化将是具有鲜明中国特色和时代特征、可以为其他发展中国家提供新思路新选择的新型农业现代化。

（一）从土地制度看，中国特色农业现代化是基于农村土地集体所有的现代化

土地制度是国家的基础性制度。实行哪种土地制度，是由一国经济、政治、文化、社会、历史等各种条件共同影响共同决定的，只有适合本国国情的制度，才是最好的土地制度。改革开放以来，我国在坚持农村土地集体所有的公有制形式基础上，建立了以家庭承包经营为基础、统分结合的双层经营体制，这与西方国家以农村土地私人所有为主的制度存在根本性不同。在农村土地集体所有的前提下，我国土地制度随着经济社会发展条件的变化而不断调整完善，满足了不同阶段生产力发展对调整生产关系的新要求。既避免了一些国家由于土地兼并引发的各类社会问题，又促进了农村土地资源的优化配置，显示出我国土地制度的强大活力和自我完善能力，也为其他发展中国家在实现农业现代化过程中实行什么样的土地制度，提供了中国方案。

（二）从涉农人口看，中国特色农业现代化是农业人口占比较高的现代化

美、德、英、法等欧美发达国家实现农业现代化后，农业人口迅速减少，占全国人口的比重都在3%以下，有的甚至仅占1%左右。我国国情特殊，即使到2035年农业现代化基本实现，农业人口占全国人口比重仍会保持在20%以上。这就要求我们积极推进种类多样的农村一二三产业融合发展的模式和业态，为农业人口提供形式更加灵活、收入更有保障的就业岗位。同时，需要大力推进生态宜居的美丽乡村建设工作，持续改善农村人居环境，不断提高农民的生活水平和质量。

（三）从经营规模看，中国特色农业现代化是以适度规模经营为主的现代化

我国的农业现代化，既不同于北美国家的大规模家庭农场模式，也不同于南美国家大公司农场与小农户并存的模式，而是以农民合作社、家庭农场等各类新型农业经营主体为主的、多种实现形式的适度规模经营。这一经营模式既可有效解决小农户模式存在的生产效率及效益低下、与市场对接能力较弱、科技推广难度较大等问题，又符合我国地区差异较大、土地资源分布不均衡、集中连片耕地比重较低等实际情况。这就要求我们把握好规模经营的“度”，根据各地的实际条件和情况，综合劳动生产率、土地产出率、资源利用率、成本收益率等指标，探索本地区农业经营规模的合理边界并进行动态调整，达到生产收益、生态环境、社会发展等方面综合提升的目标。同时，构建与适度规模经营相配套的产业链条，打造包括上游研发投入、中游社会化服务、下游加工销售等在内的全产业链，实现生产效率和农产品附加值的同步提升。

（四）从实现路径看，中国特色农业现代化是开放条件下与全球新一轮科技革命交汇融合的现代化

欧美等发达国家实现农业现代化的时间较早，全球经济联系还没有当前如此密切，主要是通过机械化、电气化、集约化生产来实现的。与之相比，在不断扩大开放的背景下，我国农业现代化的实现，将是一个统筹利用全球农业要素资源和市场、在开放中持续提升国际竞争力、并逐步代表全球农业先进生产力发展方向的过程。同时，随着全球新一轮科技革命和产业变革的蓬勃兴起，科技进步对农业发展的贡献程度已明显超过土地、资本和劳动力等传统生产要素，且现代科技也已全面渗透到其他生产要素之中，对于其他

要素的形成配置、质量提升和供给优化等均会产生重大影响。这就要求我们必须抓住本轮科技革命和产业变革的难得机遇，依托新兴技术发展的大势和国内应用基础较好的优势，实现农业与智能化、数字化、网络化等前沿科技的深度融合，从而突破西方传统的农业现代化模式，走出一条代表最新方向、更高科技、更优模式的中国特色农业现代化道路。

二、实现中国特色农业现代化的重要举措

实现中国特色农业现代化，既需要科学有效的体制机制作为保障，又需要高效有序的要素市场体系作为支撑；既需要实现供给结构的优化升级，更需要构建并形成更加有效的农业开放体系。

（一）构建有效促进农业发展的“三有”经济体制

党的十九届四中全会提出要推进国家治理体系和治理能力现代化，这项要求同样适用于农业发展。实现中国特色农业现代化，短期靠政策，长期靠机制。从供给侧结构性改革的视角看，需要构建农业领域的“市场机制有效、微观主体有活力、宏观调控有度”的“三有”经济体制。其中，市场机制有效的前提是要素的市场化配置，微观主体有活力就是要求培育和发挥好各类市场主体的积极性和主观能动性，宏观调控有度的实现途径主要是依靠科学合理的制度体系来减少人为因素的主观影响。这是实现要素、主体和制度等三个层面长期高质量供给的制度基础，也是科学高效实现中国特色农业现代化的体制机制保障。

（二）建立全国统一高效、竞争有序的现代要素市场体系

进一步明确认识政府和市场“两只手”各自的职能和优势，有效厘清二

者的边界，妥善处理好政府与市场的关系，逐步消除城乡二元结构。建立公开透明的统一市场，着力消除城乡间各种行政性市场壁垒，构建城乡统一的规则体系、信息信用体系、标准体系和平台体系，积极推动城乡市场相关基础制度一体化建设，有效降低城乡要素资源的交易成本，实现城乡要素的自由流动、平等交换。

（三）推进以需求为导向的农业结构调整

优化种植业生产结构，促进粮食、经济作物、饲草料三元种植结构协调发展，推动肉蛋奶鱼、果蔬花药等全面发展，努力构建形成需求导向、动态平衡、丰富多元、优质优价的农产品生产和消费格局。充分发挥我国不同农业生产区的比较优势，推进农业生产向优势产区集聚，形成区域优势布局和专业化生产格局。借鉴国际农产品质量安全和食品安全监管的先进理念、现代科技和操作经验，充分运用各种现代化的监管标准与手段，着力强化源头监测与产品质量安全追溯体系建设，打造“从农田到餐桌”的全过程现代农产品质量安全和食品安全监管体系。

（四）统筹利用两个市场两种资源，提升开放条件下粮食安全保障能力和国际竞争力

以健全农业基础设施和提升农业科技为主要支撑，大力提升国内粮食生产能力，实现从成本优势向农业基础设施和科技支撑优势的转变，推动形成我国农业国际竞争新优势。努力实现多元化、多样化的农业“走出去”，在实践中逐步增强对全国农业资源和粮食市场生产、流通、仓储等全产业链的掌控能力，提升在全球农业治理领域的话语权和影响力，努力实现越开放越安全的格局。

主要参考文献

1.中华人民共和国国务院新闻办公室.中国的粮食安全［M］.北京：人民出版社，2019.

2.李雯雯.国家粮食和物资储备局："十四五"统筹推进粮食安全治理体系和治理能力现代化［J］.中国粮食经济，2021（05）：30-33.

3.张红宇.加速政策落地 牢把粮食安全主动权［J］.中国农村金融，2022（5）：4.

4.程国强.疫情冲击的粮食安全忧思与应对［J］.中国发展观察，2020（Z5）：26-28.

5.张琛，孔祥智."双循环"新发展格局与中国粮食安全［J］.湖北大学学报（哲学社会科学版），2021，48（05）：160-167.

6.马晓河.新形势下的粮食安全问题［J］.世界农业，2016（08）：238-241.

7.叶兴庆.把提高国家治理能力作为粮食安全保障的基础［J］.农村工作通讯，2020（13）：52.

8.姜长云.影响我国粮食安全的新趋势新问题［J］.人民论坛·学术前沿，2022（04）：94-100.

9.宋洪远.关于提升我国大豆产业竞争力的思考与建议［J］.农村工作通讯，2022（05）：33-35.

10.温铁军.粮食金融化挑战中国粮食安全［J］.农村工作通讯,2015（04）：36.

11.黄季焜.对近期与中长期中国粮食安全的再认识［J］.农业经济问题，2021（01）：19-26.

12.仇焕广，雷馨圆，冷淦潇，等.新时期中国粮食安全的理论辨析［J］.中国农村经济，2022（07）：2-17.

13.徐祥临.德国土地整治的经验与思考［J］.中国国情国力，2016（09）：49-50.

14.程国强.增强应对突发事件冲击的粮食安全保障能力［J］.上海农村经济，2020（05）：4-7.

15.姜长云，姜惠宸.新冠肺炎疫情防控对国家应急管理体系和能力的检视［J］.管理世界，2020，36（08）：8-18，31，19.

16.何秀荣.国家粮食安全治理体系和治理能力现代化［J］.中国农村经济，2020（06）：12-15.

17.卞靖，陈曦.新时代粮食安全保障需提升三重能力——基于对粮食“三重属性”的分析［J］.宏观经济管理，2020（12）：17-23，30.

18.卞靖.未来15年中国粮食安全面临的主要风险及应对思路［J］.经济纵横，2019（05）：119-128.

19.赵磊.全球粮食安全与中国特色粮食安全治理［J］.当代中国与世界，2022（02）：59-67，127-128.

20.张亨明，章皓月，朱庆生.“双循环”新发展格局下我国粮食安全隐忧及其消解方略［J］.改革，2021（09）：134-144.

21.王瑞峰，李爽，孔凡娜.粮食安全保障能力：内涵特征、指标测度与提升路径［J］.四川农业大学学报，2022，40（03）：301-311.

22.杨刚强，肖广宇，王海森.新发展阶段保障国家粮食安全的思路与对策［J］.宏观经济管理，2021（08）：46-53.

23.李先德，孙致陆，赵玉菡.全球粮食安全及其治理：发展进程、现实挑战和转型策略［J］. 中国农村经济，2022（06）：2-22.

24.陈秧分，王介勇. 对外开放背景下中国粮食安全形势研判与战略选择［J］. 自然资源学报，2021，36（06）：1616-1630.

25.卞靖. 国际重要农产品贸易格局变化及应对思路研究［J］. 宏观经济研究，2019（04）：116-129.

26.朱晶，李天祥，臧星月. 高水平开放下我国粮食安全的非传统挑战及政策转型［J］. 农业经济问题，2021（01）：27-40.

27.郭丽岩. 守住粮食能源安全底线筑牢发展之基［N］. 经济参考报（理论版），2022-04-12.

28.卞靖，高铁. 以"三有"经济体制促乡村振兴战略高质量实施［J］. 宏观经济研究，2018（09）：139-146.

29.冯美菱，王素珍，叶青，等. 宏观视角下我国食品安全监管研究综述［J］. 食品工业，2022，43（07）：338-342.

30.刘敏，张社梅，杨锦秀. 社交平台嵌入下农产品质量安全与信任机制构建研究［J］. 农村经济，2021（12）：136-144.

31.常清，常翟子，颜林蔚. 大宗商品价格趋势变化与市场预期［J］. 价格理论与实践，2022（01）：35-37.

32.张立伟. 全球粮食供应充裕下的国际市场价格上涨原因及对国内市场的影响［J］. 粮食问题研究，2021（01）：40-45.

33.刘金全，张菀庭，邓创. 中国农产品价格的异质性特征和分类调控［J］. 南京农业大学学报（社会科学版），2019，19（01）：151-162，168.

34.毕玉琦，张立中. 国际农产品价格调控相关政策及经验借鉴［J］. 江苏农业科学，2018，46（18）：351-357.

35.耿华中. 新形势下我国粮食价格调控政策及其效应分析［J］. 农村经济与科技，2022，33（04）：13-15.

36.谢晨，文洪星. 国家储备肉政策价格调控作用机制及效果：基于理性预期与适应性预期的比较［J］. 湖南农业大学学报（社会科学版），2021，22（02）：57-65.

37.卞靖. 玉米产业发展现状及供需趋势分析［J］. 中国物价，2022（08）：117-120.

38.刘鹏凌，孙康，蔡俊，等. 补贴政策对主产区玉米价格和播种面积的影响：兼论新冠疫情背景下稳定玉米面积的政策取向［J/OL］. 经济地理：1-8［2022-10-30］. http：//kns. cnki. net/kcms/detail/43. 1126. K. 20201027. 1520. 002. html.

39.卞靖. 去库存背景下我国玉米产业发展现状及趋势研判［J］. 中国经贸导刊，2019（02）：61-64.

40.仇焕广，李新海，余嘉玲. 中国玉米产业：发展趋势与政策建议［J］. 农业经济问题，2021（07）：4-16.

41.王劲雨，陈盛伟. 后临储制度下玉米价格风险管控［J］. 华南农业大学学报（社会科学版），2021，20（01）：59-70.

42.卞靖. 贸易摩擦背景下推动我国大豆产业提质升级发展［J］. 中国经贸导刊，2018（15）：37-40.

43.张建华. 全球化视角下国际粮价波动对我国粮食市场的影响研究：基于对大豆、玉米国际市场价格波动传导的影响分析［J］. 价格理论与实践，2021（03）：58-61.

44.卞靖. 提升我国大豆产业国际竞争力的对策研究［J］. 中国物价，2018（09）：62-65.

45.杨辉，林嘉柏，林佳. 外生冲击下中国大豆产业安全：现状、挑战与机遇［J］. 大豆科学，2022，41（03）：352-357.

46.胡欣然，张玉梅，陈志钢. 中国大豆产业应对国际风险因素的对策模拟研究［J］. 华中农业大学学报（社会科学版），2021（06）：35-43，187-188.

47.卞靖. 我国蔬菜价格波动的新特征、主要问题及对策建议［J］. 中国经贸导刊，2022（07）：79-82.

48.卞靖，陈曦. 中国蔬菜价格波动的特征、原因及调控思路研究［J］. 宏观经济研究，2020（04）：142-152.

49.俞坤丰. 我国蔬菜价格波动特征及调控建议［J］. 价格理论与实践，2021（04）：90-93.

50.杨娟，钱婷婷，郑秀国，等. 全国和区域蔬菜价格走势特征及影响因素［J］. 中国农业大学学报，2021，26（02）：188-198.

后　记

党的十八大以来，以习近平同志为核心的党中央坚持把解决好“三农”问题作为全党工作的重中之重，提出了一系列新理念新思想新战略，为“三农”工作相关的研究者提供了思想遵循，指引了深化研究的方向。作者从事“三农”问题研究已有15年，由于研究职责所在，有幸能够接触和参与国家农业农村相关的政策研究和若干文件起草，能够有更多机会汲取“三农”领域顶级专家学者们的真知灼见和感悟体会，对于拓展研究视野、提升研究能力和水平有很大帮助。

本书成稿经历了一个较长的酝酿过程。粮食安全是“国之大者”，作者围绕这一主题，持续开展了较为深入的学术研究，陆续在《经济纵横》《宏观经济管理》等核心刊物发表了《未来15年中国粮食安全面临的主要风险及应对思路》《新时代粮食安全保障需提升三重能力——基于对粮食“三重属性”的分析》等该领域下载量较高的学术文章，为本书“理论篇”的撰写提供了重要基础。

面对百年变局和世纪疫情交织叠加的复杂局面，保障粮食安全的重要性进一步凸显，“保粮食能源安全”成为“六保”的重要内容之一。特别是2020年以来，全球重要大宗农产品价格出现新一轮持续大幅高涨，部分品种甚至超过历史高点，虽然国内总体上受影响较少，但部分粮食、蔬菜、猪肉等重要农产品价格也出现波动频繁且波幅加剧的新形势新情况。在此背景下，作者针对玉米、大豆、蔬菜、生猪等重要农产品在生产和消费领域出现的新形势新特征，陆续在《宏观经济研究》等核心刊物发表了数篇关于相关产业供需格局变化以及提升产业竞争力的学术文章。同时，作者有幸参加了国家发展改革委2021年度青年干部“根在基层”实践调研活动，带队第七组以“农民种粮积极性研究”为主题，赴黑龙江省开展扎根基层的“蹲点式”调研，获取了大量一手资料和鲜活案例，由此形成的调研报告获2021年度国家发展改革委优秀调研报告一等奖，这些内容构成了本书的“实践篇”。

2021年，我们入选国家发展改革委首批“发改英才”支持培养计划，这一人才培养计划旨在培养发展改革系统的“大家”“名家”，引导科研人员提高政治站位、胸怀“国之大者”，打造具有特色的高层次专业人才集群。根据工作安排，鼓励“发改英才”组建研究团队，参与上级交办的重点任务课题研究，以及重要文件起草。得益于“发改英才”支持培养计划，我们能够定期参与相关部门的宏观经济形势分析工作，为准确研判和应对宏观经济形势贡献团队智慧，尤其能够围绕“三农”等重大问题和经济社会发展的热点难点问题，积极展开调查研究，拥有了更为丰富的信息、数据获取来源和研究成果报送渠道。衷心感谢委领导指导和关心“发改英才”支持培养计划，特别感谢国家发展改革委杨荫凯副秘书长，人事司赵立东副司长、姜龙志处长、李刚副处长等领导和同志对“发改英才”的关心、帮助和支持。

在本书的研究和写作过程中，得到了众多领导和专家们的大力支持和悉心指导。感谢国家发展改革委农经司、价格司、办公厅、政研室等司局领导和同志的关注和提携，感谢中国宏观经济研究院的培养，感谢王昌林院长、吴晓华副院长、毕吉耀副院长的指导支持，感恩马晓河研究员一直以来在相关研究上的悉心指引，感谢叶辅靖主任、孙学工主任、常兴华副主任、王其才副主任的理解与信任。同时，感谢陈曦副研究员、薛啸岩博士的密切合作和主动分担，感谢刘方研究员、吕云龙博士对相关章节的支撑，感谢穆舒同志在成稿过程中的多次审稿校对，并对科研部、决策咨询部各位同事一并致谢。

本书出版正值党的二十大胜利召开之后不久，牢记“中国人的饭碗任何时候都要牢牢端在自己手上”的殷切嘱托，怀着对中国农业农村发展伟大成就的自豪之情，以此书作为学术成长的阶段性印记，我们将继续扎实开展有关粮食安全的理论与实证研究。

最后，感谢中国计划出版社对“发改英才”学术出版工程的倾力付出，感谢李陵主任、朱冰副主任等出版社各位同志的认真工作。

由于作者研究水平尚有提升空间，本书难免存在一些不足和疏漏，敬请各位读者批评指正。

作者于国宏大厦

2022年10月